分类战术逐局剖析·名家名局精彩展现

象棋战术一本就够

刘准 编著

化学工业出版社

·北京·

图书在版编目（CIP）数据

象棋战术一本就够/刘准编著. —北京：化学工业出版社，2017.1（2024.11重印）
ISBN 978-7-122-28414-3

Ⅰ.①象… Ⅱ.①刘 Ⅲ.①中国象棋-基本知识 Ⅳ.①G891.2

中国版本图书馆CIP数据核字（2016）第258414号

责任编辑：史 懿　　　　　　装帧设计：刘丽华
责任校对：宋 玮

出版发行：化学工业出版社（北京市东城区青年湖南街13号　邮政编码100011）
印　　装：河北延风印务有限公司
710mm×1000mm　1/16　印张15½　字数265千字　2024年11月北京第1版第13次印刷

购书咨询：010-64518888　　售后服务：010-64518899
网　　址：http://www.cip.com.cn
凡购买本书，如有缺损质量问题，本社销售中心负责调换。

定　价：39.00元　　　　　　　　　　　　　　　　　　　　版权所有　违者必究

前言

战术就是进行战斗的方式方法。

象棋战术充分体现象棋竞技性、战斗性的核心价值，并能全面展示象棋艺术的魅力，是象棋艺术的活的灵魂。象棋战术的设计和运作以其严谨的辩证思维、严密的逻辑推理、精确的计算，更深刻体现其科学性。

笔者在北京市少年宫执教象棋多年，在不断研究教学活动和指导学生对弈的过程中，总结出如下三条规律：一是象棋战术意识的启蒙和培养一般先从捉子入手，以消灭对方有生力量为具体目标，组织兵力歼灭，战术意识则渗透其中；二是象棋战术素养的提高和升华一般先从利用战术推进杀势，进而实施杀法入局，具有不计一城一地得失而着眼全局掌控主动的能力；三是战术理念的确立和深化一般是具有自如解决子与先、攻与防、局部与全局关系的能力，进而能辩证处理快与慢、静与动、无形与有形的关系，能够以静制动，以慢打快，后中先，无形胜有形。

基于此，本书在安排战术案例时力求涵盖的知识面广泛并且具有典型性，实战中使用概率高，实用性强，并精选古谱《橘中秘》《梅花谱》《适情雅趣》中的部分经典佳作，既能够使读者在学习中收到举一反三的效果，又能了解战术发展的来龙去脉，更深刻品味战术的作用。

借本书出版之际，笔者对在北京市少年宫执教期间，在开展教学活动中提供宽松环境和优越条件的领导李明、孙荣燕、张萍，在具体教学活动中提供帮助的同仁王斌、李冬军、邢印达，以及对本书写作提出宝贵建议和帮助的刘英侠、高玉芬、刘明源、朱博、李媛、耿良朝、王圆、徐彤、刘旸、王淑香、李桂荣、刘辉、史修文、刘耀表示衷心的感谢。

刘准

2017.1

目 录

第一章　捉吃战术 / 1

第一节　围控捉子 ……………… 2
一、孤军深入 ………………… 2
二、边线底线 ………………… 4
三、夹道之间 ………………… 6
第二节　借杀捉子 ……………… 8
第三节　捉双 …………………… 17

第二章　抽将战术 / 23

第一节　抽将得子 ……………… 24
第二节　抽将入局 ……………… 30
第三节　抽将抢先 ……………… 34

第三章　牵制战术 / 36

第一节　牵制得子 ……………… 37
第二节　牵制入局 ……………… 42
第三节　牵制抢先 ……………… 46

第四章　拦挡战术 / 48

第一节　拦挡得子 ……………… 49
第二节　拦挡入局 ……………… 53
第三节　拦挡抢先 ……………… 57

第五章　兑子战术 / 62

第一节　兑子得子 ……………… 63
第二节　兑子入局 ……………… 67
第三节　兑子抢先 ……………… 71

第六章　弃子战术 / 76

第一节　弃子入局 ……………… 77
第二节　弃子抢先 ……………… 89

第七章　顿挫战术 / 95

第一节　顿挫得子 ……………… 96
第二节　顿挫入局 ……………… 100
第三节　顿挫抢先 ……………… 105

第八章　腾挪战术 / 110

第一节　腾挪得子 ……………… 111
第二节　腾挪入局 ……………… 117
第三节　腾挪抢先 ……………… 122

第九章　驱逐战术 / 127

第一节　驱逐得子 ……………… 128
第二节　驱逐入局 ……………… 132

第三节 驱逐抢先 …………………… 137

第十章　堵塞战术 / 142

第一节 堵塞得子 …………………… 143
第二节 堵塞入局 …………………… 147
第三节 堵塞抢先 …………………… 152

第十一章　解攻还攻 / 156

第一节 解攻还攻得子 ……………… 157
第二节 解攻还攻入局 ……………… 163
第三节 解攻还攻抢先 ……………… 173

第十二章　实战组合战术选粹 / 178

第一局 ……………………………… 179
第二局 ……………………………… 180
第三局 ……………………………… 181
第四局 ……………………………… 182
第五局 ……………………………… 183
第六局 ……………………………… 184
第七局 ……………………………… 185
第八局 ……………………………… 187
第九局 ……………………………… 188
第十局 ……………………………… 189
第十一局 …………………………… 190
第十二局 …………………………… 191
第十三局 …………………………… 192
第十四局 …………………………… 193
第十五局 …………………………… 194
第十六局 …………………………… 196
第十七局 …………………………… 197
第十八局 …………………………… 198
第十九局 …………………………… 199
第二十局 …………………………… 200
第二十一局 ………………………… 201
第二十二局 ………………………… 202
第二十三局 ………………………… 203
第二十四局 ………………………… 204
第二十五局 ………………………… 205
第二十六局 ………………………… 206
第二十七局 ………………………… 207
第二十八局 ………………………… 208
第二十九局 ………………………… 210
第三十局 …………………………… 211

第十三章　十冠军精品战术组合点评 / 213

第一局 杨官璘先胜何顺安 ……… 214
第二局 李义庭先胜何顺安 ……… 216
第三局 胡荣华先胜吕钦 ………… 218
第四局 柳大华先胜钱洪发 ……… 221
第五局 李来群先胜吕钦 ………… 223
第六局 黄志强先负吕钦 ………… 227
第七局 徐天红先胜孙树成 ……… 229
第八局 柳大华先负赵国荣 ……… 230
第九局 许银川先胜林宏敏 ……… 232
第十局 陶汉明先胜徐天红 ……… 235

第一章

捉 吃 战 术

　　捉吃是指在具体的战斗过程中运用各种攻杀手段和战术组合，消灭对方兵力以形成削弱对方实力、加强己方在物质和力量上的优势的战术。

　　战斗的基本目标是消灭敌人和保存自己。而消灭敌人是保存自己的前提，是通向胜利必须采取的手段。因此在棋战中捉吃战术是重要的基础战术和常用战术。

　　掌握和运用捉吃战术不但是棋手重要的基本功，而且是提高棋艺水平、攀登棋艺高峰，以创新精神不断钻研的课题。

　　捉吃战术的基本原则是在捉子战斗的相关区域必须集中优势兵力，一般要有多于对方的兵力才能收到消灭敌人的实效。

　　捉吃战术的方式方法基本有三种：一是围控捉子，二是借攻杀捉子，三是捉双。

　　捉吃战术依据有三条：一是根据子力的三性——灵活性、联系性、有效性，确定捉吃对象；二是以将（帅）为核心的阵形结构的协调性确定借攻杀捉子的对象；三是以对方兵力配置的合理性确定捉双的对象。

第一节　围控捉子

围控捉子的必要条件是把被捉兵力和救援兵力的联系阻断，也就是说阻援攻点；另一个必要条件是限制和控制被捉兵力的灵活性，使其束手就擒。

实施围困捉子的作战区域一般有三种情况：一是孤军深入之敌；二是处于边线、底线的敌方兵力；三是处于夹道之间的对方兵力。

一、孤军深入

▶ **例一：捉孤军深入之炮**

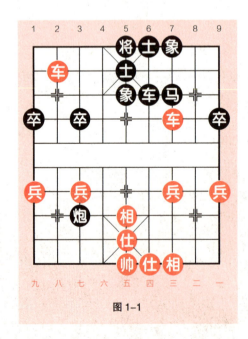

图 1-1

图 1-1　红先。形势分析：双方兵力相等，红方多一兵。黑方兵种配置较好，但兵力结构很差，右炮成孤军深入之势，且灵活性极差。红方可抓此弱点围歼黑炮。着法如下：

（1）车八退六　炮3进1

（2）车八退一　炮3退1

（3）车三退二　马7进6

（4）车八平七　炮3平1

黑方如改走炮3平2，则红方车三平八，炮2平1，车七平九，炮1平3，车八退二，捉死黑炮。

（5）车三平八　马6进5

（6）车八退二　炮1进2

（7）车七平九（红方得炮占优）

▶ 例二：捉孤军深入之马

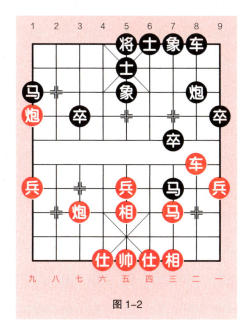

图1-2

图 1-2　红先。形势分析：盘面双方兵力相等。黑方阵形弱点较多。左翼车炮被牵，7路马孤军深入，灵活性、联系性均差，右翼边马和左翼兵力脱节。红方针对黑7路马实施围捉。着法如下：

（1）相五进三

弃相围困7路马是实战中常用的手段。

（1）……　　卒3进1
（2）炮七进一　卒7进1
（3）车二平三　炮8进6
（4）炮七平三　车8进3
（5）炮九退二

至此红方得马，多子优势。

▶ 例三：捉孤军深入之车

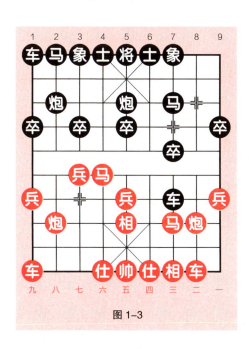

图1-3

图 1-3　红先。本局选自《橘中秘》屏风马破当头炮局。形势分析：盘面黑方左车孤军深入弱点明显，且右翼兵马未动，从全局看阵形结构失衡，红方采取组合战术夺优入局。着法如下：

（1）炮二进四　炮5进4

黑方如改走卒7进1，则红方炮二平三，卒7平6，炮三进三，士6进5，炮三退六，得车胜定。

（2）仕六进五　炮5退1
（3）炮二平三　车7平4
（4）炮三进三　士6进5
（5）炮三平一　车4退1
（6）炮八进二　车4平3

（7）炮八平五　车3平5　　　　（8）车二进九　马7退6

（9）车二退五　马6进7　　　　（10）车二平五（红方得车胜定）

二、边线底线

▶ 例一：捉边路底线之炮

图1-4 黑先。形势分析：红方边炮是明显的弱点，已无路可逃。现红车捉马，在黑方右翼有攻势。黑方不急于捉死炮，而是采用组合战术解决肋道争端，然后再捉死边炮。着法如下：

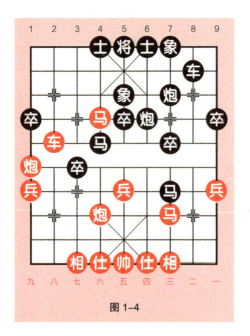

图1-4

（1）……　　炮6平4

（2）炮六进四　车8平4

精妙之着！弃马既可保证围困的边炮无法脱身，又可先弃后取利用牵制吃掉肋炮。

（3）车八平六　卒3平2

（4）兵五进一

红方如车六平八，则黑方车4进2，车八退一，卒1进1得边炮。又如红方车六退一，则黑方卒1进1，下一步伏马7退6，捉红方车炮马三子。

（4）……　　炮7进1

（5）炮六进一　士6进5

（6）兵五进一　车4进1

（7）车六平八　卒2平1（黑方得炮胜势）

▶ 例二：捉边路底线之马

图1-5 红先。形势分析：盘面战斗呈现在黑方右翼。黑方车马位置均差，尤其边马，灵活性和联系性被控，红方可采取战术组合围歼黑方边马。着法如下：

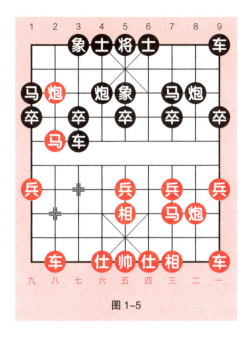

图 1-5

（1）炮八进一　马1退3

（2）马八进九　马3进4

黑方如改走炮4平2，则红方车八进七，马7退5，车八平七，炮8退1，马九进七，炮8平3，车七进一，红方仍得子。

（3）马九进七　炮4退1

（4）马七退六　车3平4

（5）马六进七

至此红方利用黑方边马灵活性和联系性差，特别是受绊腿的限制，追击得马。

▶ 例三：捉边路底线之车

图 1-6　红先。形势分析：盘面黑方多一卒，右翼车马被封，红方车双炮马云集左翼，可针对黑车灵活性差，3路底象有弱点，采取战术组合进攻。着法如下：

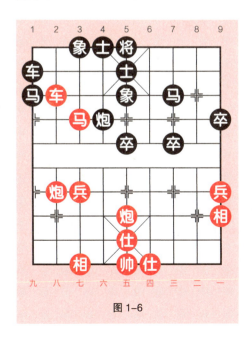

图 1-6

（1）炮五平九！　车1平3

（2）炮九平七！　卒5进1

（3）炮八退二　马7进6

黑方如改走士5进6，则红方马七进九，车3进5，马九退八，车3退2，炮七进一，炮4平5，炮八平七，红方得子胜势。

（4）炮八平七　车3平1

（5）马七进八　士5进6

黑方如改走车1退1，则红方车八平九，车1平2，车九进一，伏炮七平八打死车。

（6）前炮平九　马1进2

（7）炮七平九

至此红方双炮打死边车。

三、夹道之间

▶ 例一：捉炮

图 1-7 红先。形势分析：盘面已进入残局阶段，双方兵力相等。黑方的弱点是车炮分割于两边，中路空虚。现红方可借帅控肋助车炮联动围困黑炮。着法如下：

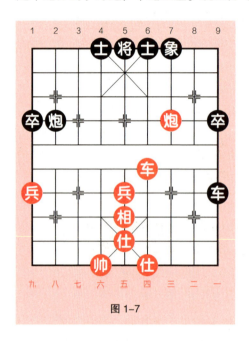

图 1-7

（1）车四平五　象7进5

黑方如改走士6进5，则红方炮三平七，将5平6，车五平八捉死黑炮。又如黑方如走士4进5，则红方炮三平五，士5进4（黑方如走象7进5，则红方车五平六，铁门栓胜），炮五平七，士4退5，车五平八捉死炮。

（2）车五进三　士6进5
（3）炮三平七　将5平6
（4）车五平八

至此红方捉死黑炮，胜定。

▶ 例二：捉马

图 1-8 红先。形势分析：盘面红方多一中兵且已渡河占据要津。黑方右马处在夹道之间，进退失据，灵活性差。红方在中兵策动下运用车炮可抢先围捉黑方右马。着法如下：

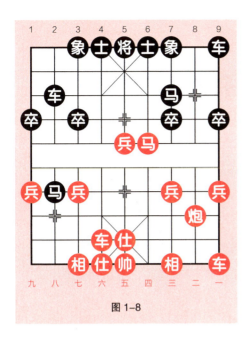

图 1-8

（1）炮二平八　车2平6

黑方如改走马2退3，则红方炮八平五，马3进5，车六进三，黑马仍被捉死。

（2）车六进三　马2退3

（3）炮八平四　车6平2

（4）兵七进一

至此黑马仍处夹道之间被捉死。

▶ 例三：捉车

图 1-9　黑先。本局选自《橘中秘》得先类第十一局。形势分析：盘面情况是红方右车贪吃黑象，孤军深入，陷于夹道之间，黑方可组织兵力围歼红车。着法如下：

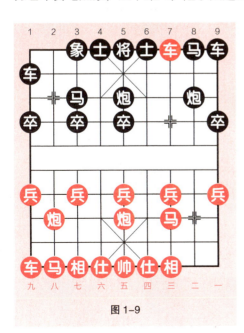

图 1-9

（1）……　炮5平7

（2）炮八进二　象3进5

（3）炮八平三　炮7进4

黑方如急走象5退7则，红方炮三进五，士6进5，炮三平一，红方不但兑车，还抢先形成沉底炮攻势。

（4）炮三平一　炮7进3

（5）仕四进五　炮8平9

（6）车三平二　车9平8

（7）炮一进三

至此红方虽然用夹道车换马炮，但右翼已成崩溃之形，黑方右车移至左翼即可入局取胜。

第二节　借杀捉子

在具体的攻杀战斗过程中，进攻方利用威胁对方将（帅）形成杀法的同时，又要提吃对方子力的战术手段就是借杀捉子。

借杀捉子重点是必须谙熟各种杀法的棋形组合和杀法的熟练运用。难点是在复杂多变的棋局形势中能够敏锐感觉和发现对方阵形中存在的杀形缺陷，能够前瞻性制造对方杀形缺陷。然后有针对性地合理组织协调己方兵力，利用攻杀手段战术组合达到借杀捉子的目的。

▶ 例一：借立马车杀捉子

图 1-10　红先。本局选自古谱《橘中秘》。形势分析：双方战斗集中在红方左翼。黑方过河车孤军深入，右翼车马炮未动，阵形结构失调。红方车马炮活跃，特别是河沿马活动范围大，车马炮配合可利用战术组合借杀捉子。着法如下：

（1）炮八进七　车1平2
（2）马六进八　车3退2
（3）马八进七！

红方进马成立马车杀势，同时捉黑方底车。

（3）……　士6进5
（4）马七进八（红方得车胜定）

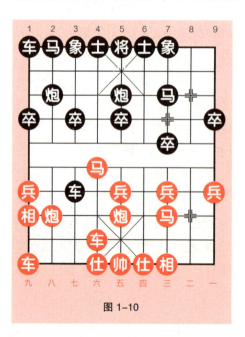

图 1-10

▶ **例二：借重炮杀捉子**

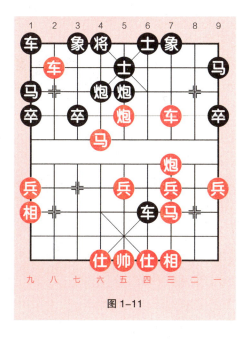

图 1-11

图 **1-11** 红先。本局选自《梅花谱》下卷。形势分析：现红方双车双炮马以中炮为核心形成左右夹击之势。而黑方双车双马均脱离中路主战场。红方可采用战术组合利用肋道重炮杀势借杀得子。着法如下：

（1）马六进五　象3进5

（2）车八平六！

精妙之着，弃车伏重炮杀。

（2）……　将4平5

黑方如改走将4进1，则红方炮七平四，炮4平3，炮五平四，红方重炮胜。

（3）车六退一　卒1进1

（4）炮三进五　马9退7

（5）车三进三　车6退6

（6）车三退四（红方得子胜势）

▶ **例三：借闷宫杀捉子**

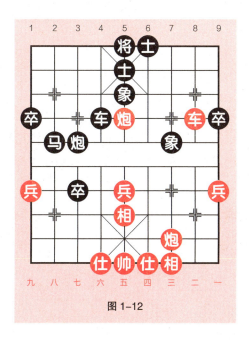

图 1-12

图 **1-12** 红先。形势分析：从盘面看，双方兵力相等，黑方兵种齐全，右翼有攻势，并且黑车牵制红方车炮。深入分析：红方车双炮配合，可针对黑方7路底线弱点实施借杀捉子战术。着法如下：

（1）炮五平三　车4平7

黑方必须弃车砍炮，否则黑方改走象5退7，则红方前炮平一，象7退5，车二平六得车；又如黑方改走士5退4，则红方前炮进三，象5退7，炮三进八，士6进5，车二平六仍然得车；再如黑方如逃车，则红方前炮三进三，象5退7，炮三进八，闷宫红胜。

（2）车二平三（红方得车胜定）

▶ **例四：借铁门栓杀捉子**

图 1-13 红先。形势分析：盘面双方兵力相等，红方多一兵。黑方的弱点是车炮被牵，中路马象的保护很牵强。红方双车马可配合中炮采取组合战术进攻制造铁门栓杀势得子。着法如下：

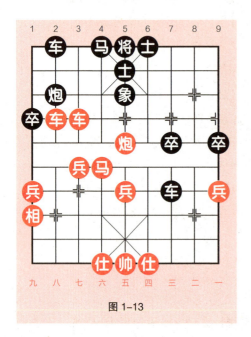

图 1-13

（1）马六进四　车 7 平 6
（2）马四进五！

红方精妙之着，迫黑方肋马吃马，形成铁门栓杀势。

（2）……　车 6 平 5
（3）仕六进五　马 4 进 5
（4）车八进一！

红方借铁门栓杀吃炮捉车。

（4）……　车 5 退 2

黑方如改走车 2 平 4，则红方车八平五得马，后续有车七进三的杀着。

（5）车八进二　士 5 退 4
（6）车七平九（红方胜势）

▶ **例五：借马后炮杀捉子**

图 1-14 红先。形势分析：本局盘面情况饶有趣味，黑方车双炮强于红方双炮马，并且是有车对无车。黑炮保持空头，红方还面临重炮的威胁，似乎败象已呈，红方在这千钧一发的危急关头，利用卧槽马和双炮的配合，巧妙地演绎借杀捉子，从而扭转乾坤。着法如下：

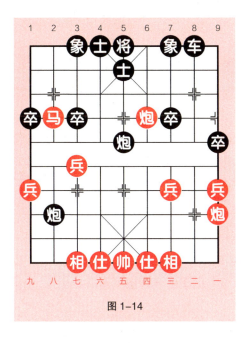

图 1-14

（1）马八进七　将 5 平 6
（2）炮一平四　炮 5 平 6
（3）马七退六！

妙着！红方回马要马后炮，同时捉炮。

（3）……　将 6 进 1

黑方如改走将 6 平 5，则红方前炮进三（借卧槽杀捉车），黑方必失车。

（4）马六退四　车 8 进 7
（5）马四退二　车 8 平 6
（6）马二进三　将 6 退 1
（7）马三进二　将 6 进 1
（8）炮四平一（红方胜定）

▶ 例六：借卧槽马杀捉子

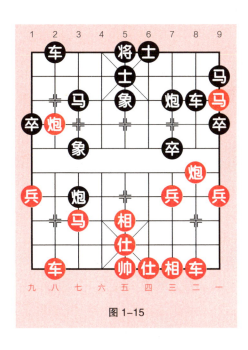

图 1-15

图 1-15　红先。形势分析：双方兵力相等。乍看红方弱点较多，边马被捉死，右翼车炮被牵，但深入分析，车炮虽被牵，红方也存在反牵制驱逐的可能，深一层看，边马因有卧槽的可能性，实质和黑车是互相牵制的关系，因此可采取战术组合借杀捉子。着法如下：

（1）炮二平八！　车 8 平 9

黑方如车 8 进 7，则红方马一进三，将 5 平 4，车八平六，马 3 进 4，车六进五，士 5 进 4，车六进二，炮 7 平 4，前炮平六，炮 4 平 3，炮八平六，红胜。

（2）后炮进五　马 3 退 2
（3）炮八进二

至此红方有炮八平九捉马送沉底炮的手段，黑方子力散乱，红方胜定。

▶ 例七：借八角马杀捉子

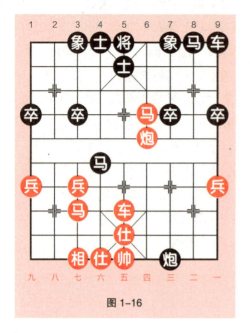

图 1-16

图 1-16 红先。形势分析：盘面形势双方战斗在中路。现黑马踩红方车马炮三子，红方必然失子，但黑方左翼车马未动，和前方马炮脱节，红方车马炮在中路有攻势。红方可采用组合战术，借杀得子。着法如下：

（1）车五进二　马4进3

黑方如改走它着，则红方车五平六，得马。

（2）炮四平一！　象7进5

黑方如改走卒9进1，则红方马四进六，将5平6，车五平四，士5进6，车四进三，八角马胜。

（3）炮一进四（红方得车胜定）

▶ 例八：借高钓马杀捉子

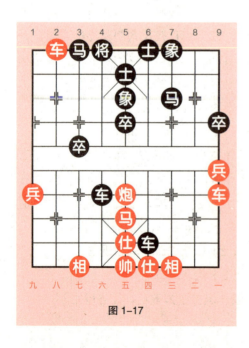

图 1-17

图 1-17 红先。形势分析：盘面看黑方车牵红方车炮，并且有3卒渡河、中卒续进的手段，似乎黑方优势。但红方可利用黑将仕外，兵行线车炮和黑车还存在反牵制手段，红方双车炮马配合采取组合战术，借杀捉子。着法如下：

（1）炮五进四！　象7进5

黑方如改走车4平9，则红方车八平七，将4进1，马五进六，士5进4，车七平五，士4退5，马六进七，将4进1，车五平八，黑方无解红胜。

（2）车一平六　将4平5

（3）车六进五　士5退4

（4）车八平七　士6进5

▶ **例九：借双车错杀捉子**

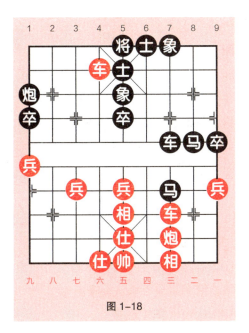

图 1-18

（5）车七退二（红方得车胜定）

图 1-18　红先。形势分析：盘面红方双车炮四兵对黑方车双马炮四卒，双方力量相等。黑方兵种齐全，似乎好走，但红方可利用右翼车炮牵制黑方车双马之机，和左肋车配合采取组合战术借杀捉子。着法如下：

（1）相五进三　士5退4

黑方如改走车7进1则红方车三平八，士5退4，炮三进三，红方借双车错杀得车。

（2）炮三进二　车7进1

（3）车三平六　士6进5

（4）炮三退一

至此红方得马后借双车错杀，使红炮脱身。

▶ **例十：借双将杀捉子**

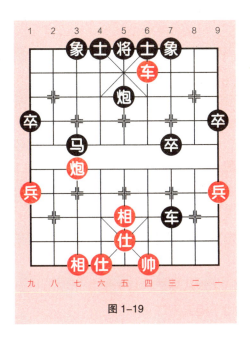

图 1-19

图 1-19　红先。形势分析：盘面黑方多子多卒似呈胜势，但红方车炮位置极佳，在右帅的助战下，采取组合战术可逆转战局，借杀捉子得车。着法如下：

（1）车四进一　将5进1

（2）车四退一　将5退1

（3）炮七进五　士4进5

（4）炮七平三！

至此红方形成借车四进一双将杀，同时炮三退七打车。

（4）……　炮5平6

（5）炮三退七

至此红方逆转局势，得车胜定。

▶ 例十一：借大胆穿心杀捉子

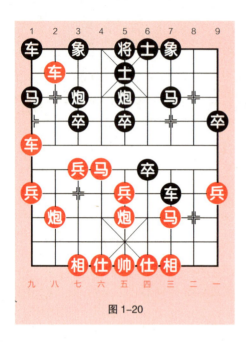

图1-20

图 1-20　红先。本局选自《橘中秘》得先类。形势分析：红方双车马炮云集左翼，中炮虎视中卒。黑方右翼车马被封锁，特别是双士组成的防御阵形，使右翼更显危险。红方可采取战术组合借杀捉子。着法如下：

（1）马六进五　马7进5

（2）炮五进四　车7进1

（3）车九进二！

红方弃马炮镇中路后，此着有石破天惊之感，借大胆穿心杀法捉车。

（3）……　　车1进2

黑方如改走车7退4，则红方车九进二，车7平5，车九平七，士5退4，车七退二，红方得子胜定。

（4）车八平五　士6进5

（5）炮八进七（红胜）

▶ 例十二：借夹车炮杀捉子

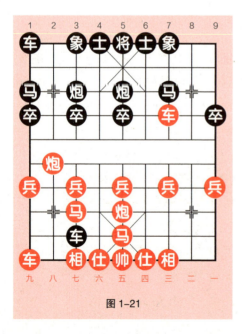

图1-21

图 1-21　红先。本局选自《橘中秘》得先类。形势分析：黑方弱点是3路车孤军深入，已遭围困，左翼防御薄弱，红方可运车双炮借二路夹车炮杀法捉车，着法如下：

（1）炮八平三！　马7退9

（2）炮五平二

红方精妙之着，如改走炮五进四，则黑方士4进5，车三进三，炮2退1打车，红方将无功而返，现平炮右翼，深得集中优势攻敌薄弱部的要领。

（2）……　车3平4

黑方如改走炮五进四，则红方马七进五，象3进5，炮二退一，车3退2，马五进六捉双，红方可多两子，锁定胜局。

（3）炮二进六　士6进5　　　　（4）炮三进五　将5平6

（5）车三进二

至此红方再炮二进一胜。

▶ 例十三：借多种杀法捉子

图 1-22　红先。形势分析：红方车双炮马四兵，黑方双车双马四卒，双方兵力相等。现黑车捉双，似有先手，但黑方右翼空虚，将置于红方双炮射程之中。红方车双炮马集中优势兵力，采取借多种杀法捉子。着法如下：

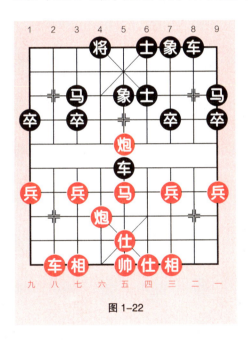

图 1-22

（1）车八进四！　士6进5

黑方如改走车5进1，则红方车八平六双将胜；又如黑方改走车5平2则，红方马五进六，车2平4，马六进七双将胜；再如黑方改走车5退1，则红方马五进六，将4平5，马六进七，象5退3，车八进五，象7进5，炮六进六，士6进5，车八平七，士5退4，车七平六，立马车红胜。

（2）车八平五（红方得车胜势）

▶ 例十四：借多种杀法捉子

图 1-23 红先。形势分析：红方车双马双炮四兵对黑方双车双马三卒，战斗集中在棋盘的右边。红方云集了全部兵力。黑方双车双马协调性差，左翼马灵活性差，从杀形看黑方底象是攻击目标。现红方不贪吃黑方左马，而是利用组合战术借杀得车确立胜势。着法如下：

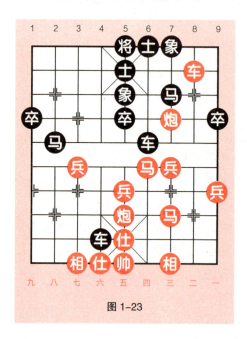

图 1-23

（1）车二平四！ 士5进6

红方借闷宫捉车黑方扬士拦是必然之着。

（2）炮五平四　车6平8

（3）炮三进三　士6进5

（4）马四进五！ 将5平4

红方马踩中卒借双将捉马，此时黑方如马7进6，则红方马五进三，有闷杀、双将、马后炮多种杀法，黑方无法抵抗。

（5）马五进三！ 将4进1

（6）马三退二

至此红方借闷宫等多种杀法要杀，得黑车、马胜定。

第三节 捉双

进攻方走动一步棋,形成捉吃对方两个子的形势称为捉双。捉双一般是在中局阶段较多出现,而在开局和残局应用较少。

捉双的前提是以对方兵力配置的合理性,子力的联系性、灵活性及其安全性的评估,来策划设计己方的进攻方案。

捉双有三种情况:一是走动一步棋后造成一子捉双;二是进攻方走动一步棋后造成两子分别捉住对方两子;三是利用车炮直线控制能力强的特点实现串打和串捉对方两子。

▶ 例一:用炮捉双

图 1-24 黑先。本局选自《橘中秘》饶先类。形势分析:盘面双方各有一车孤军深入,但红车灵活性差。黑方可借组合战术,形成一子捉双。着法如下:

(1) ……   炮4进4

此着伏有炮4平7打卒借闷宫杀捉车。

(2) 兵三进一   炮5平4

(3) 车六平八   前炮平2

至此黑方炮打双车,红方只能挪炮,黑方炮2退5得车,胜定。

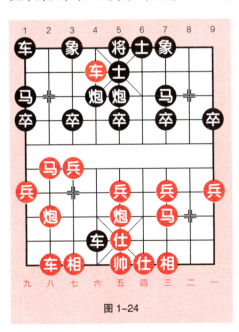

图 1-24

▶ 例二：用马捉双

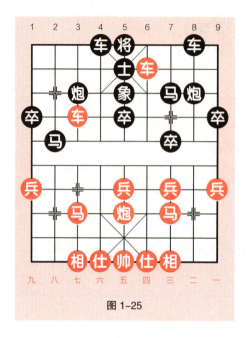

图 1-25

图 1-25 黑先。本局选自《梅花谱》上卷。形势分析：盘面情况是红方少一大子，黑方缺士象。红方前方双车和后防炮双马攻防脱节，七路车马有弱点。黑方虽缺士象，但全部兵力做内线战斗对付红方双车炮绰绰有余，现黑方采取组合战术捉双。着法如下：

（1）……　　车8平6
（2）车四平二　炮8进2
（3）炮五进四　车6进3
（4）相七进五　炮3进5
（5）车七退四　马2进4！

至此黑方进马踩车炮两子，红方中炮必失。

▶ 例三：用车捉双

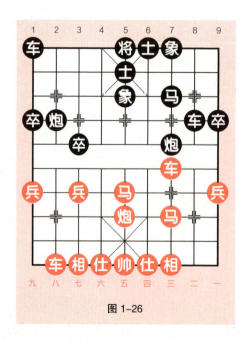

图 1-26

图 1-26 红先。形势分析：双方战斗集中在红方右翼三路。红方中炮连环马控制中路，左车暂牵黑方4线车炮。现红方右马跃进，用组合战术进击，造成用车捉双。着法如下：

（1）马三进四

伏马四进五拦车捉炮兑马抢先的后续手段。

（1）……　　炮2平7

黑方如改走车1平4，则红方马四进五，马7进5，车八进六，车4进6，车三平五，车8进3，车八平五，红方得子。

（2）车八进六　后炮进2　　　（3）车八平二　后炮进5
（4）仕四进五　后炮进1　　　（5）车二退三　后炮平3
（6）马五进六　炮3退1　　　（7）车二平三

至此红方平车捉双，黑方必失一子，红方胜势。

▶ 例四：用车捉串

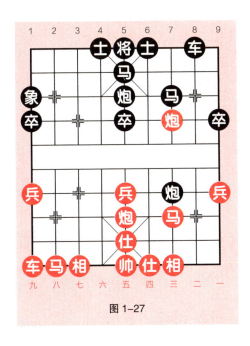

图1-27

图 1-27　黑先。本局选自《橘中秘》饶先类。形势分析：盘面红方弱点是左翼车马未动，两翼兵力配置失衡。黑方左炮瞄住闷宫，红炮灵活性受限制。黑方可借此实施用车捉双战术。着法如下：

（1）……　　车8进3
（2）炮三退二　车8平7
（3）相三进一　炮7平8！
（4）马三进四

红方如改走炮三进三，则黑方车7进4，炮五进四，炮8进3，相一退三，车7进2，帅五平六，车7退6，帅六进一，车7平5，仍然得子。

（4）……　　车7进2

至此黑方得炮且左翼攻势猛烈。

▶ 例五：用炮串打

图 1-28　红先。形势分析：盘面双方战斗接触在中心区域，兵卒对峙。黑方弱点是河沿一线车卒马结构欠佳，右马轻进。红方综合以上因素，利用组合战术进攻，以运炮串打得子。着法如下：

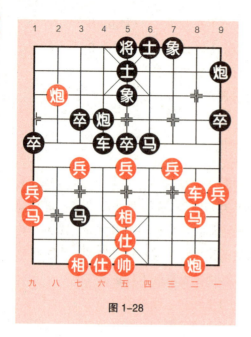

图 1-28

（1）车二进二　卒 5 进 1

（2）兵七进一！卒 3 进 1

黑方如改走车 4 平 3，则红方炮八平七，串打得马。

（3）炮八退二！车 4 进 4

红方退炮串打车马得子。

（4）炮八平四　马 3 退 4

（5）炮四退三　炮 4 平 3

（6）马九退七

至此黑方必须弃车吃马，一车换双后黑方败势已成。

▶ 例六：两子分捉

图 1-29　红先。形势分析：盘面黑方中车捉马，黑方弱点是 8 路车灵活性差，右马归肋难以出动。红方中马活跃，左右两翼阵形协调，红方可借逐黑方左车形成两子分捉。着法如下：

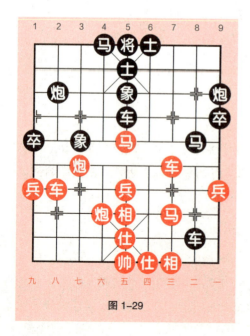

图 1-29

（1）炮七退三　车 8 退 2

黑方如改走车 8 退 1，则红方马三进四，形成炮打左车、马踏中车两子分捉。

（2）炮六进一　车 8 进 1

黑方如改走马 8 退 6，则红方炮六平二，马 6 进 7，马五退三，黑方失一马。

（3）马五退四　车 8 退 1

（4）马四进三！

至此形成马踩中车，炮打 8 路车，红方必得车。

（4）……　　　象 5 进 7

（5）炮六平二（红方得车胜势）

▶ 例七：两子分捉

图 1-30 红先。形势分析：双方已进入残局阶段。黑方缺士象，右车和双炮协调性、针对性差，并且左翼空虚。红方车双炮协调性强，兵行线的车占位尤好，红方可利用杀法造成两子分捉。着法如下：

（1）车六平二　炮 9 平 7

黑方改走炮 9 平 8 拦车，则红方炮四退二捉双，车 2 退 4，炮五平四，将 6 平 5，车二进一，车 2 平 6，车二平五，红方得子。

（2）车二平五！　车 2 退 4

（3）炮五平四　将 6 平 5

（4）相五进三　车 2 平 6

（5）车五进一

至此红方多得一炮胜势。

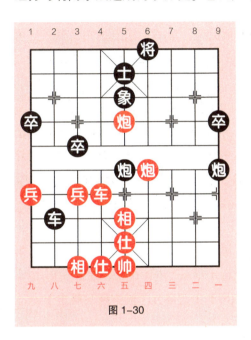

图 1-30

▶ 例八：两子分捉

图 1-31 红先。形势分析：双方已进入中盘激烈拼杀的状态。黑方主要的弱点是中路马炮被牵制，连环马被红车绊马腿，红方可利用以上弱点采用战术组合造成两子分捉。着法如下：

（1）炮二平七！

红方平炮兑车，串打黑方马炮是得子关键之着。

（1）……　车 8 进 5

（2）马三退二　炮 3 进 4

黑方如改走车 2 平 4，则红方炮七进

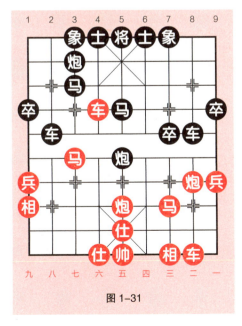

图 1-31

四，车4退1，炮七进二，士4进5，马七进六，一马捉双炮，黑方要再失一子。

（3）**炮七进四**

至此双方兑掉车马后，红方形成相捉炮、车捉马，两子分捉，黑方必失一子。

▶ **例九：两子分捉**

图1-32 红先。形势分析：盘面已是残局阶段。黑方的弱点是车马深入红方腹地，灵活性、联系性均有重大缺陷。红方车炮均占据要津，控制黑方车马，红方可借战术组合形成两子分捉。着法如下：

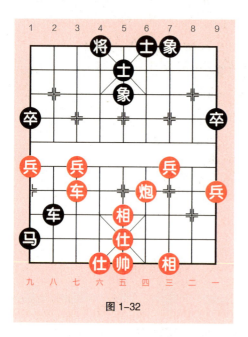

图1-32

（1）**炮四退二** **车2退1**

黑方如改走马1退2，则红方炮四进二成围困捉子；又如改走车2平1，则红方车七退二，马1退3，炮四进一成串打。

（2）**车七退二** **车2平6**

（3）**仕五进四** **车6进1**

黑方如改走马1退2，则红方车七平六，将4平5，炮四进二，黑方失车。

（4）**车七平九**（红方得马胜定）

第二章

抽 将 战 术

抽将是指在具体的战斗中利用一步棋造成既将军,又要捉吃对方子力或抢占有利位置的战术。

抽将是常用的辅助战术,它同时具有消灭对方兵力和运动己方兵力的特点,可以辅助捉子战术和运子战术。

抽将的战斗队形和兵力配合一般是进攻方两子在同一条线上配合,一般多见于对方的底线和肋道。兵力配置以车炮和马炮为多。另外还有特殊的抽将形式,即用一子造成背后抽将或称借势抽将得子。

抽将战术的目的:一是抽将得子;二是抽将入局;三是抽将抢先。

第一节　抽将得子

> 抽将得子的重点是车炮配合抽将，要注意线和点的结合；难点是马炮配合抽将和背后抽将，要注意面线点的结合。

▶ 例一：车炮抽将

图 2-1　红先。形势分析：盘面黑方多两子，并且对红方造成闷宫和出将后铁门栓的双重威胁。红方左翼车炮配合可利用抽将得子的手段，追回两子反败为胜。着法如下：

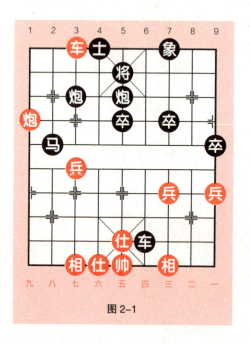

图 2-1

（1）车七退一　将5退1
（2）炮九进三　士4进5
（3）车七进一　士5退4
（4）车七退二　士4进5
（5）车七进二　士5退4
（6）车七退四　士4进5
（7）车七平八

至此红方用抽将战术追回马炮两子。

（7）……　　将5平6
（8）相七进五　炮5进5
（9）仕五进四　炮5退2
（10）车八平四　将6平5
（11）车四进一

至此红方捉中卒，已呈胜势。

▶ 例二：车炮抽将

图2-2 红先。形势分析：黑方车双炮马集中于己方左翼，兵力虽多，但阵形不整，协调性差。红方车双炮配合可借左翼车炮抽将之势，抢先发难，实施抽将得子战术。着法如下：

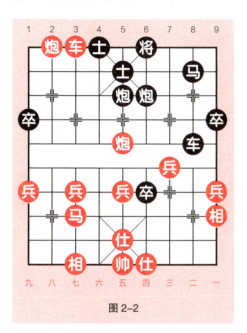

图2-2

（1）炮五平四　炮6平8

黑方如改走炮6平7，则红方车七退三，将6进1，车七平四，士5进6，车四平二，士6退5（黑方如改走车8平6，则红方车二进二胜），车二退一，红方抽将得车。

（2）车七退三　将6进1
（3）车七平四　士5进6
（4）车四平三　士6退5
（5）兵三进一　车8进2
（6）车三平四　士5进6
（7）车四平二　士6退5
（8）车二退三（红方抽车胜定）

▶ 例三：马炮抽将

图2-3 红先。形势分析：双方兵力虽然相等，但红方有炮双马配合形成卧槽马杀法的凌厉攻势。红方可借抽将战术，抽去黑方底车。着法如下：

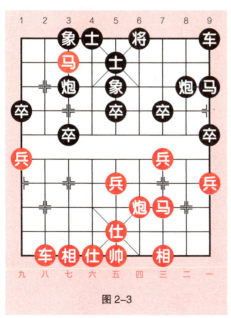

图2-3

（1）马三进四　炮8平6
（2）马四进三　炮6平8
（3）马三退四　炮8平6
（4）马四进六　炮6平8
（5）马六进四　炮8平6
（6）马四进二　炮6平7
（7）马二进一（红方抽车胜定）

25

▶ 例四：马炮抽将

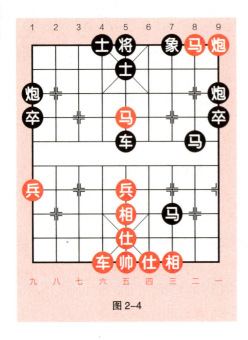

图 2-4

图 2-4 红先。形势分析：盘面黑方多子且中车捉马，似乎盘面占优。但红方车双马炮有内在的联系性、协调性，红方可借底线马炮抽将之势，得子扭转局势。着法如下：

（1）马五进四　炮9平6

黑方如改走将5平6，则红方马四退三，车5平6，马二退三，将6进1，前马进一，将6进1，马一进三，红胜。

（2）马二退三　象7进9

（3）马三退二

至此红方抽将得马，黑方如车5平8，则红方马四进二，象9退7，马二退三抽车。

▶ 例五：车马抽将

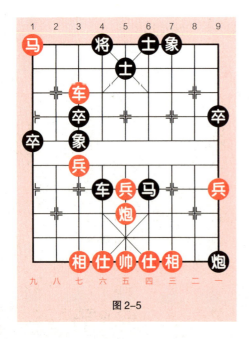

图 2-5

图 2-5 红先。形势分析：双方兵力相等。红方面临黑方车马炮围攻的严重威胁，但红方前方车马配合有绝佳的抽将机会，不但能消除黑方威胁，还能得子锁定胜局。着法如下：

（1）车七进二　将4进1

（2）马九退八　将4进1

（3）车七退二　将4退1

（4）车七退一　将4进1

（5）车七进一　将4退1

（6）车七退二　将4进1

（7）车七进二　将4退1

（8）车七平四　将4退1

（9）车四退四

至此红方抽得黑方卒象马三子，并且消除了黑方的双杀威胁，确立胜势。

▶ 例六：车马抽将

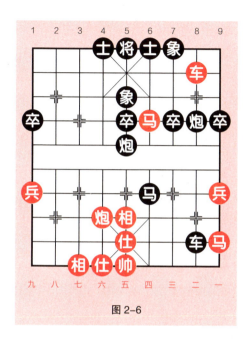

图 2-6

图 2-6　红先。形势分析：盘面黑方车双炮马配合可以实施铁门栓、挂角马等杀法。而红方车双马炮前后脱节，看似红方处于劣势，但前方车马配合可采用抽将战术得子，从而确立胜势。着法如下：

（1）马四进三　将5进1
（2）马三退二　将5退1
（3）马二进三　将5进1
（4）车二退七

至此红方借车马配合抽将得黑方车炮两子。以下黑方马6进4，则红方帅五平四，形成红方车双马对黑方马炮，红方胜定。

▶ 例七：背后抽将

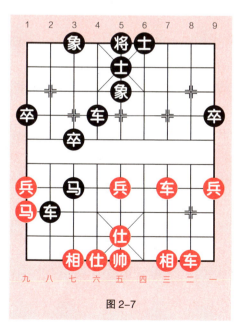

图 2-7

图 2-7　黑先。本局选自《梅花谱》。形势分析：盘面黑方双车马集中在红方空虚的左翼，黑方可借围捉红方边马，使用组合战术，造成背后抽将得子。着法如下：

（1）……　　　马3进2
（2）马九退八　马2进4
（3）仕五退六　将5平4
（4）仕六进五　车2进2
（5）相三进五　车4进5
（6）帅五平四　车2平3

（7）帅四进一　车3平8（黑方得车胜定）

▶ 例八：背后抽将

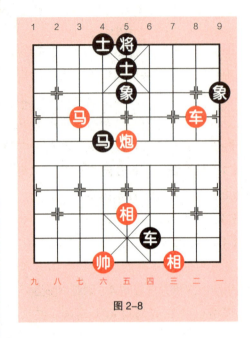

图2-8

图2-8　红先。形势分析：盘面红方多一子，局势已进入残局阶段。黑方弱点是双象缺乏联络，红方车马炮左右夹击。红方可运用组合战术造成背后抽将得子。着法如下：

（1）马七进五　马4退5

（2）车二进三　车6退8

（3）炮五平八　士5进6

（4）炮八进四　士4进5

（5）炮八平四

至此红方背后抽将得车。

（5）……　　士5退6

（6）车二退二　士6进5

（7）车二平一

至此红方得象后成单车必胜马双士的实用残局。

▶ 例九：背后抽将

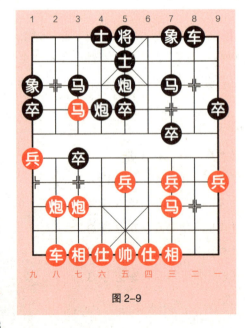

图2-9

图2-9　红先。本局选自《橘中秘》得先类。形势分析：盘面双方战斗集中于黑方右翼。黑方3线和底线的弱点明显。红方已集中车双炮马的优势兵力，可突破黑方防线，造成背后抽将。着法如下：

（1）马七进九　炮5平1

（2）炮七进五　将5平6

黑方如改走象7进5，则红方炮八进七，象5退3，车八进八，将5平6，车八平七，车8进7，炮七进二，将6进1，车七退一，红方胜势。

（3）炮八进六！　士5进6

黑方如改走象7进5，则红方炮八平六后形成背后抽将得车。

（4）炮八进一　士4进5

黑方如改走将6进1，则红方车八进八，士6退5，炮七进一，炮4退2，车八退一，马7进6，炮八退一，红方胜定。

（5）炮七进二　将6进1　　　（6）炮七平二

至此红方背后抽将得车胜定。

▶ 例十：背后抽将

图2-10　红先。形势分析：盘面双方主要兵力相等，黑方双车处于低位，黑马游离于外。红方双车处于高位且占据要津。红边炮牵制黑方3路车。现红方可用组合战术进击，形成背后抽将得子。着法如下：

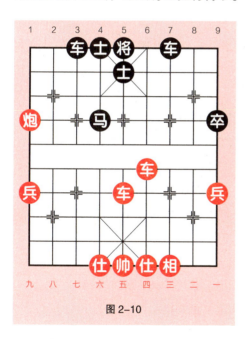

图2-10

（1）车五进三　马4进3

（2）车四平七！车3进5

（3）炮九进三　车3退5

（4）车五进二　将5平6

（5）车五进一　将6进1

（6）车五平三

至此红方背后抽将得车。

（6）……　车3平1

（7）车三退一　将6退1

（8）车三退二！车1进1

黑方如改走士4进5，则红方车三进三，将6进1，车三平九，红方背后抽将得车。

（9）车三进三　将6进1

（11）车三平九

（10）车三退一！将6退1

红方再度背后抽将得车胜定。

第二节 抽将入局

利用抽将抢占攻防有利的位置,制造对方弱点,形成杀法入局的态势。

本节的重点是对基本杀法技能的掌握。难点是利用技战术使局势向杀法入局演进。

▶ 例一:车炮抽将入局

图 2-11 红先。形势分析:黑方双车双炮马云集中路围攻红帅,已形成双将和天地炮配合的杀势,但黑方后防空虚。红方双车炮兵形成左右夹击。红方可用抽将战术抢先入局。着法如下:

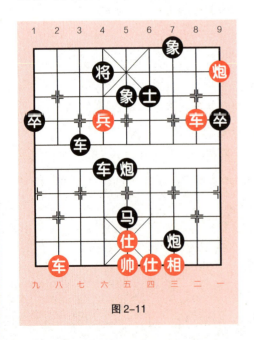

图 2-11

(1)车八进八　将4退1
(2)炮一进一　象7进9
(3)车二进三　象5退7
(4)车二退一!

红方如改走车二平三,则黑方炮5退5后反胜。

(4)……　　　象7进5
(5)车二平六　将4平5
(6)车八进一(红胜)

▶ 例二：车炮抽将入局

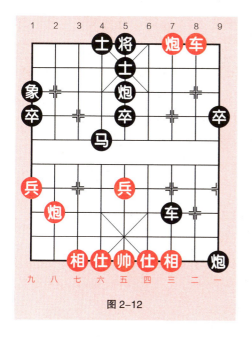

图 2-12

图 2-12　红先。形势分析：盘面黑方多一马，并且黑车捉双。红方右翼车炮伏抽将。红方可借抽将和左翼炮配合，抽将得子制胜。着法如下：

（1）炮八进七　象1退3
（2）炮三平六　士5退6
（3）炮六平四　象3进1
（4）炮四退二　将5进1
（5）车二退一　将5退1
（6）炮四平九

到此红方抽将得双士象，成二路夹车炮胜。

▶ 例三：车炮抽将入局

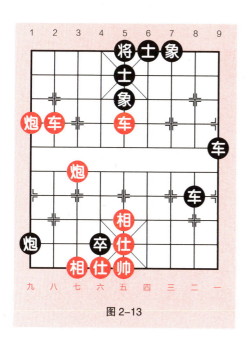

图 2-13

图 2-13　红先。形势分析：黑方双车炮卒左右夹击围攻红帅，已形成闷杀杀势。但黑方右翼空虚，红方双车双炮配合可用抽将战术抢先入局。着法如下：

（1）车八进三　士5退4
（2）炮七进五　士4进5
（3）炮七退二！士5退4
（4）车五进一！象7进5
（5）炮九平五

至此黑方有两种应法：一为象5退3，则红方炮七平五重炮胜；二为士6进5，则红方炮七进二天地炮胜。

▶ **例四：马炮抽将入局**

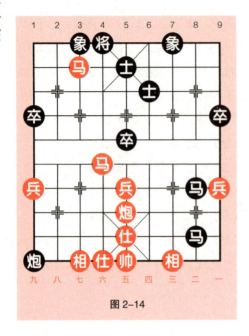

图 2-14

图 2-14 红先。形势分析：黑方左翼有双马饮泉杀势，但后方空虚。红方卧槽马占据要点，炮双马配合可用抽将战术抢先入局。着法如下：

（1）炮五平六　士 5 进 4
（2）马六进八　士 4 退 5
（3）马八进六　士 5 进 4
（4）马六进四　士 4 退 5
（5）马七退六　士 5 进 4
（6）马六退八　士 4 退 5
（7）马八进七（红胜）

本局中红方双马借炮抽将是实战常用的典范手段。

▶ **例五：马炮抽将入局**

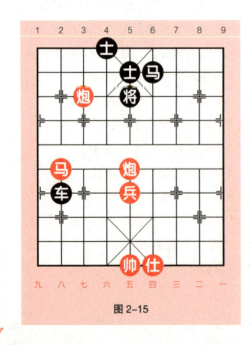

图 2-15

图 2-15 红先。形势分析：黑方车分捉红方马兵两子，但黑方将在宫顶，红方可借先手逃马，组织双炮马抽将入局。着法如下：

（1）马八进六　将 5 平 6
（2）炮五进三　士 5 进 4
（3）炮五进二　士 4 退 5
（4）马六进五　士 5 进 4
（5）马五退四　士 4 退 5
（6）马四进二（红胜）

至此红方炮马两次抽将后形成闷杀。

▶ 例六：车马抽将入局

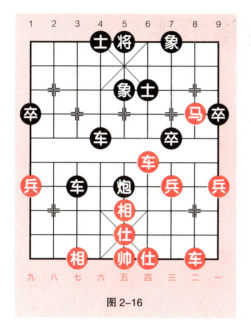

图 2-16

图 2-16 红先。形势分析：黑方双车炮配合已构成铁门栓杀势，但左翼空虚。红方双车马配合可借抽将战术抢先入局。着法如下：

（1）马二进四　将5平6
（2）马四进三　将6平5
（3）马三退四　将5平6
（4）车二进九　将6进1
（5）车二退一　将6退1
（6）马四退二　将6平5
（7）马二进三　将5进1
（8）马三退四　将5退1
（9）车二进一

本局红马借车三次抽将锁定胜局。

第三节　抽将抢先

利用抽将抢占攻防要点，从而争到行棋的先手，掌握局势的主动权。关键是阵形结构的有效性、针对性、合理性得到发挥。

▶ 例一：抽将抢先

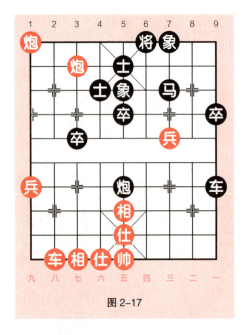

图 2-17

图 2-17　红先。形势分析：盘面双方各攻一翼。黑方车炮锁定铁门栓。红方左翼车双炮配合可用抽将抢先战术解除黑方铁门栓杀势，并形成反击态势。着法如下：

（1）车八进九！　士5退4

（2）车八退五！　象5退3

黑方如改走士4进5，则红方车八平四，士5进6，车四进三，将6平5，帅五平四，以下有炮七进一，将5进1，车四进一的杀着。

（3）车八平四　将6平5

（4）帅五平四　车9平7

（5）相五进三

至此红方续有兵三进一欺马，车双炮攻势强烈，已大占优势。

▶ 例二：抽将抢先

图 2-18　红先。形势分析：盘面双方各攻一翼。黑方双车分捉马炮，并在肋道有弃车伏闷杀的手段。红方双车炮可借抽将抢先的手段，转危为安，并夺得优势。着法如下：

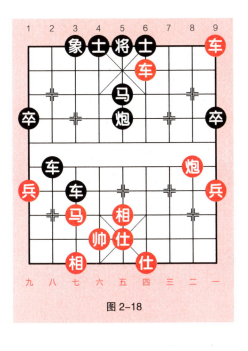

图 2-18

（1）炮二进五　士 6 进 5
（2）炮二退七　士 5 退 6
（3）帅六退一

至此红方转危为安，并且黑方全部兵力受限制。

（3）……　车 2 平 8
（4）炮二平三　车 3 平 7
（5）炮三平四　士 4 进 5
（6）车一退三（红方优势）

▶ 例三：抽将抢先

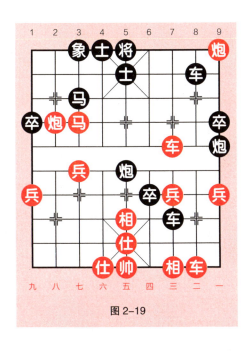

图 2-19

图 2-19　红先。形势分析：双方战斗集中在棋盘右边。现主要矛盾是黑方双车配合中炮杀势，8 路车强行捉红车，红车已无退路，但红方可借沉底炮实施车炮抽将化解危机，强抢先手。着法如下：

（1）车三进四！　士 5 退 6
（2）车三退一！　车 8 退 1
（3）车三退四　车 8 平 9

黑方如改走炮 5 退 4，则红方马七进五，车 8 平 9，马五进三，炮 5 平 6，马三进一得车。

（4）车三平五　士 6 进 5
（5）车二进五

至此红方围困捉边炮，红方优势。

第三章 牵制战术

牵制是指在具体的对局中用己方较少的或者次要的兵力限制对方较多的或主要兵力灵活性和有效性的战术手段。

牵制战术是重要的、常用的辅助战术，在象棋中残局应用较多的战术。

牵制战术的主要作用：一是在使对方部分兵力丧失大部分灵活性的情况下，组织己方兵力聚歼被牵兵力；二是利用对方部分兵力失去有效性的机会，集中优势兵力攻对方薄弱部位，争先手夺优势。

牵制的方式方法多种多样。进攻性的兵力如车、马、炮可以牵制对方兵力；防御性兵力，甚至将（帅）也可以牵制对方兵力。可以单兵种牵制，也可以多兵种联合牵制。牵制战术以炮的运用最多，变化方式复杂是牵制战术重点和难点。

第一节 牵制得子

牵制得子就是利用对方兵力被牵制失去部分行动自由的情况下，组织己方兵消灭被牵之子。

▶ 例一：牵制得子

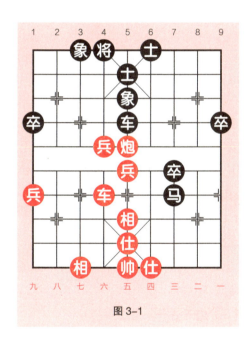

图3-1

图3-1 红先。形势分析：盘面双方兵力相等，已进入残局阶段，黑方兵力分散，红方中路车炮兵配合，已渐成铁门栓杀形。红方可借此杀法进攻造成牵制得子。着法如下：

（1）兵六进一！ 车5平7
（2）兵六进一！ 将4平5
（3）兵六进一！ 车7平5
（4）兵六进一！ 士5退4
（5）车六进三 车5进1
（6）兵五进一

至此红方连续四步进兵造成中路炮牵制黑方车象将三子，红方进肋车捉车得子。

▶ 例二：牵制得子

图3-2 红先。形势分析：盘面双方战斗在棋盘左边，3路线黑马是攻防焦点。红方可利用车双炮马的优势兵力，针对黑方3路马卒象的弱点，用牵制战术强行得子。着法如下：

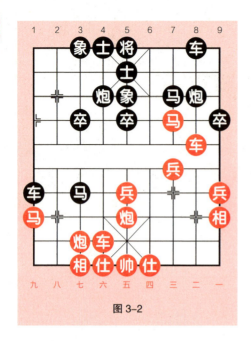

图 3-2

（1）炮五平七　炮4平3
（2）马九进七　炮3进4
（3）车六进二！

妙着！至此红方形成双向牵制，即车牵车、炮，双炮牵黑方3线象卒炮。黑方必失子。

（3）……　象3进1
（4）车六平七　车1平3
（5）后炮进二（红方得子占优）

▶ 例三：牵制得子

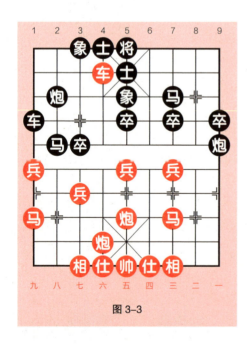

图 3-3

图 3-3　红先。形势分析：盘面黑方右翼车马位置比较局促。红方车双炮边马利用边兵配合可采取组合战术，以形成牵制得子。着法如下：

（1）兵九进一　车1进1
（2）炮六平九　马2进1

至此红方用弃兵捉双迫车吃兵，形成炮牵制车马。

（3）炮五进一　炮2平1
（4）车六平九！

要着！至此形成车牵黑方车炮，九路炮牵黑方车马的双向牵制。红方下一着有炮五平九得马的手段，并续有炮九进四再先手得炮打车的手段。

（5）炮九进二　炮1进5
（4）……　车1平2
（6）相七进九（红方得子占优）

▶ **例四：牵制得子**

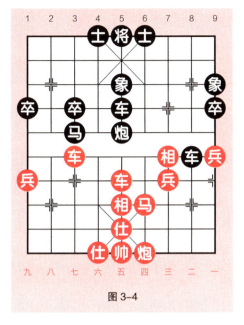

图 3-4

图 3-4 红先。形势分析：盘面黑方双车马炮四子灵活性很差。红方双车马炮可利用黑方中车暂时不能移动的机会，运用战术组合造成用车牵制得子。着法如下：

（1）车七平四　士6进5
（2）车四进一　炮5进1
（3）车四平六！

要着，拦马。造成中车牵制黑方车炮，马捉炮，黑炮必失。

（3）……　　炮5进2
（4）车五退一　车5进4
（5）相三退五

至此红方得炮，大占优势。

▶ **例五：牵制得子**

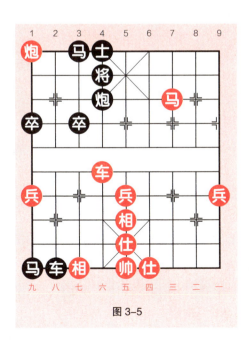

图 3-5

图 3-5 红先。形势分析：盘面黑方虽多一子，但仅剩单士，将暴露在红方车马炮的火力之下，前方车马和后方马炮攻守脱节。红方可利用红帅助战牵制得子。着法如下：

（1）车六平五　士4进5
（2）帅五平六！

用帅牵炮，伏马三退五闷杀。

（2）……　　炮4进1
（3）车五进二　炮4进5
（4）车五平七　马3进1
（5）车七平六　士5进4
（6）帅六进一

至此红方得炮并伏车六进一的杀着，红方胜势。

▶ 例六：牵制得子

图 3-6 红先。形势分析：双方战斗在棋盘右边。红方卧槽马位置极佳，既控黑将，又暂时牵制黑炮。红方可借此极佳机会运用车炮进攻制造牵制得子。着法如下：

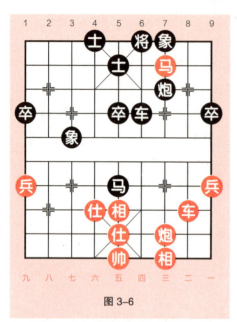

图 3-6

（1）车二进五　车6退1
（2）仕五进四！车6平2
（3）炮三平四　炮7平6
（4）仕四退五　马5退6
（5）炮四退一！车2退1

黑方如改走车2进2，则红方车二退二，象3退5，马三退二，炮6进7，马二退四，将6平5，仕五退四，红方仍多得一子。

（6）车二退二　炮6进7
（7）车二平四　士5进6
（8）车四进二　车2平6
（9）车四进一　将6进1
（10）仕五退四（红方得子胜势）

▶ 例七：牵制得子

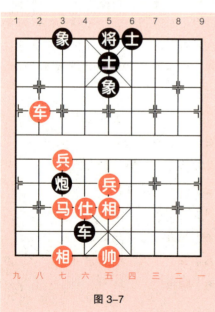

图 3-7

图 3-7 红先。形势分析：盘面已是残局阶段。黑方车炮联系性差，炮处在夹道之间，红方可借捉炮弃相战术，造成马相牵制得子。着法如下：

（1）车八退三　炮3进3

黑方如改走车4平3，则红方车八平七吃炮后，车马虽被牵制，但可挺进中兵，然后再助七兵渡河仍是胜势。

（2）马七退八！

至此马和相配合牵制对方车炮，下一

步红方可车八平七捉炮。

（2）……　车4平8　　　　（3）相五退七　车8进1

（4）帅五进一　车8平3　　（5）马八进九　车3退4

（6）马九进七

至此红马跃出，车马兵必胜单车士象全。

第二节 牵制入局

> 牵制入局就是利用牵制，集中己方兵力攻击对方要害部位，造成战术和杀法入局。要点是推进杀势逐渐向杀形的形成发展。

▶ 例一：牵制入局

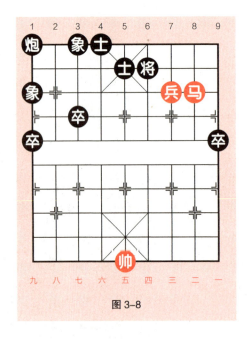

图 3-8

图 3-8　红先。本局选自《橘中秘》残局类。形势分析：盘面红帅控中路。红方可运马兵攻击黑将造成禁困局面，然后运马催杀入局。着法如下：

（1）兵三进一　将6退1

（2）兵三进一！　将6平5

至此红帅中路牵制，底兵控制黑将。

（3）马二退四　炮1进1

（4）马四进六　炮1平4

（5）马六退八　卒1进1

（6）马八进七　卒1平2

（7）马七退六　卒2平3

（8）马六进四（红胜）

▶ 例二：牵制入局

图 3-9　红先。本局选自《橘中秘》残局类。形势分析：红方兵占中心，红方可运马催杀，造成帅兵分占两肋后形成用帅牵炮的局面，再运马入局。着法如下：

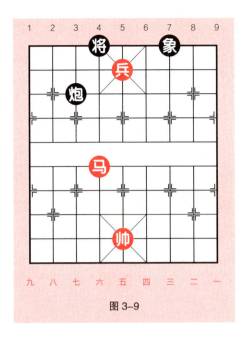

图 3-9

（1）马六进五　炮3退2
（2）兵五平六　将4平5
（3）帅五平四　炮3进5
（4）马五进七　炮3平6
（5）兵六平五　将5平6
至此形成红帅牵制黑炮的形势。
（6）马七退五　炮6退2
（7）马五退六　象7进9
（8）马六退五　炮6进4
（9）马五退四　象9退7
（10）马四进二　炮6退3
（11）马二进三　炮6退2
（12）马三进二（红方胜定）

本局对原谱着法略有修改，以突出用帅牵制入局的主题。

▶ 例三：牵制入局

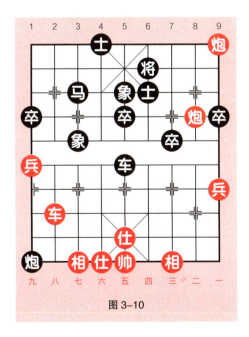

图 3-10

图 3-10　红先。形势分析：盘面红方车双炮配合已形成夹车炮杀势。黑方车马炮三子协调性差，不能组织有效的攻防体系。红方可借夹车炮杀势利用战术组合造成牵制入局。着法如下：

（1）车八平二　将6平5
（2）炮二平三　将5平4
（3）炮一退一！
妙着！重要的禁控做杀手段。
（3）……　车5退1
（4）车二平八　象3退1
（5）车八进六　将4进1
（6）炮三进二　象5退7
（7）炮三退一　象7进5

红方借夹车炮杀势，车双炮连续顿挫摧杀，非常紧凑精彩，现已造成先手牵制。

（8）炮一退一　车5平6
（9）车八平四　士4进5
（10）车四平五　炮1退3
（11）炮一平四　车6退2
（12）车五退一　将4退1
（13）车五平四（红方胜定）

▶ 例四：牵制入局

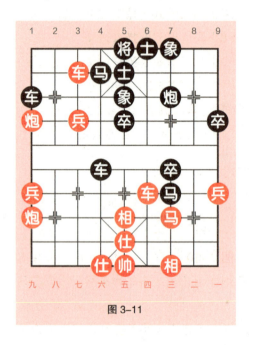

图 3-11

图 3-11　红先。形势分析：黑方弱点是肋道车马被红车控制，底线空虚。红方可针对黑方弱点运用双车双炮采取牵制战术入局。着法如下：

（1）前炮平八　车1平2
（2）炮九平六　炮7退1
（3）车七进一　士5退4
（4）车七平六！　将5进1

黑方如改走将5平4，则形成六路炮牵制车马将三子。红方续有车四进六臣压君胜。

（5）车四进六

至此红方下一手车六平五胜，黑方无法解救，红胜。

▶ 例五：牵制入局

图 3-12　红先。形势分析：盘面红方双车马炮四子攻击到位。黑方左马灵活性、联系性均差，红方以攻马为突破口，声东击西，形成牵制入局。着法如下：

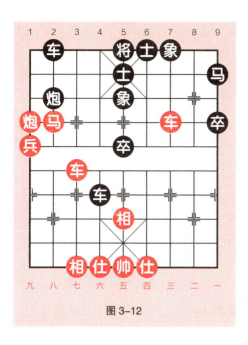

图 3-12

（1）车七进三

要着！伏车三进二捉死边马。

（1）……　炮 2 退 1

（2）马八进七　车 4 退 5

（3）车三平八

至此黑方右翼双车炮均被牵制。

（3）……　马 9 进 7

（4）仕四进五　马 7 进 8

（5）炮九进二　士 5 退 4

（6）车七平六　将 5 进 1

（7）马七退六（红方胜定）

▶ 例六：牵制入局

图 3-13　红先。形势分析：双方互摆中炮。黑方攻棋盘右边，作战兵力是车马炮三子。红方是左右夹攻作战，兵力是车双炮马，而且右马占位极佳，红方可采用牵制战术入局。着法如下：

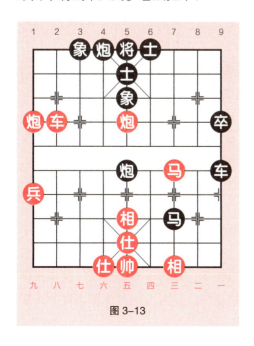

图 3-13

（1）马三进二　车 9 平 6

（2）马二进三　车 6 退 4

（3）炮九进二　炮 4 进 1

至此形成双向牵制，红马牵车，左炮牵制炮、士、车。

（4）车八进三　车 6 平 7

（5）车八平七　炮 4 退 1

（6）炮九平三

至此红方下一步炮三进一天地炮胜。

第三节　牵制抢先

牵制抢先就是利用牵制对方兵力机会，集中己方优势兵力攻其薄弱环节，扩大战术使用范围，加大攻击目标的选择权。

▶ 例一：牵制抢先

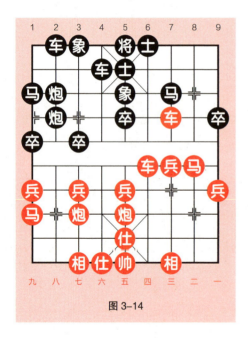

图3-14

图 **3-14** 红先。形势分析：盘面红方三路车被捉已无路可逃，但由于黑方兵力集中于右翼，左翼空虚，红方兵力分布均衡。红方可采用牵制战术转换局势，反夺主动。着法如下：

（1）炮七平八！　前炮平七

黑方如改走后炮进5，则红方车三进一后黑方中防薄弱，左翼空虚。红方有炮五进四等进攻手段。

（2）炮八进七　马1退2

（3）马二进三

至此双方兑掉车炮后，红方弱点已消除，并且续有三路马捉象或踏边奔卧槽及炮五进四和车四平八捉炮等手段，红方已反先夺势。

▶ 例二：牵制抢先

图 **3-15** 红先。形势分析：盘面双方兵力相等，红方多一兵。战斗集中在棋盘左边，双方互捉。红方双车双炮马对黑方车双炮，兵力占绝对优势。红方可采

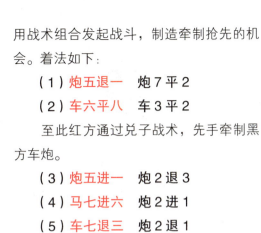

用战术组合发起战斗，制造牵制抢先的机会。着法如下：

（1）炮五退一　炮7平2

（2）车六平八　车3平2

至此红方通过兑子战术，先手牵制黑方车炮。

（3）炮五进一　炮2退3

（4）马七进六　炮2进1

（5）车七退三　炮2退1

至此红方通过追逐被牵车炮控制全局，已呈胜势。

图 3-15

▶ 例三：牵制抢先

图 3-16　红先。本局选自《橘中秘》得先类。形势分析：盘面战斗集中在黑方右翼3路线，红方可利用黑方底象缺少保护和联络，采用组合战术，形成牵制抢先。着法如下：

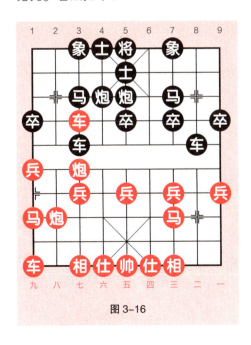

图 3-16

（1）车七退一　车8平3

（2）炮八平七！

至此黑方车马象被牵栓，红方续有前炮进三打马，后炮捉车的连续进攻手段。

（2）……　马3退1

黑方如改走象3进1，则红方前炮进三打马后伏闷宫杀，黑车必失；又如改走士5退6，则红方前炮进三，车3平4，前炮退一，红方得马后攻势强劲。

（3）前炮进五　车3退4

（4）炮七进七　马1退3

至此红方用双炮换车并赚一象，形成有车对无车的局面，红方大占优势。

第四章
拦 挡 战 术

拦挡是指在具体的战斗中运子阻挠对方兵力的运动，破坏对方的战术意图，保障己方顺利实施和展开攻杀手段的战术。

拦挡战术是常用的辅助战术。它的作用一是使对方增援兵力受到阻挡，保障己方优势兵力在主战场占据主动，取得战果；二是在己方兵力进攻时，切断对方兵力之间的联系、支援，瓦解对方的防御体系。

拦挡的方式多种多样，如弃子拦挡、联合拦挡。既有进攻性兵种车马炮兵实施拦挡，也有防御性兵种仕相（士象）进行拦挡。

拦挡战术以弃子拦截的应用最为广泛，难度最大，表现的战斗性最强，艺术欣赏性高，是拦截战术的重点和难点。

第一节　拦挡得子

拦挡得子就是利用各种攻杀手段切断对方兵力的联系造成得子局面。拦挡战术和捉子战术组合应用，是拦挡战术有效实施的前提。

▶ 例一：拦挡得子

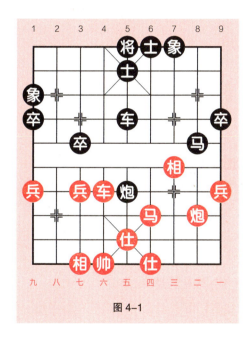

图 4-1

图 4-1　红先。形势分析：盘面双方兵力相等，黑方中路车炮被红车牵制，红帅左肋道可助攻。现红方车马炮三子可借制造铁门栓杀形，实施拦挡战术得子。着法如下：

（1）马四进五！

红方进马切断黑方车炮联系，精妙之着。

（1）……　炮5进1

黑方如改走车5进2，则红方炮二平五，车5退3，炮五进五，象7进5，车六平五，红方仍得子胜势。

（2）马五进六　士5进4

（3）相三退五

至此红方得炮，优势明显。

▶ 例二：拦挡得子

图 4-2　红先。形势分析：盘面黑方双车严重威胁红帅；红中炮和双车已构成铁门栓杀形。红方可利用帅的特殊位置，助双车炮兵的攻势，采用组合战术，拦

挡得子。着法如下：

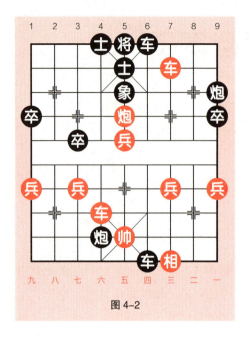

图 4-2

（1）**兵五平四！ 炮4进1**

黑方如改走前车退5，则红方帅五平六，前车进4，炮五退五，红方退炮拦车已呈胜势。

（2）**炮五平八 士5进4**

黑方如改走车6进4，则红方炮八进三，象5退3，车六进七，红方闷杀胜。

（3）**炮八进三 后士进5**

（4）**炮八平四 将5平6**

（5）**车三退一**（红方得车胜势）

▶ 例三：拦挡得子

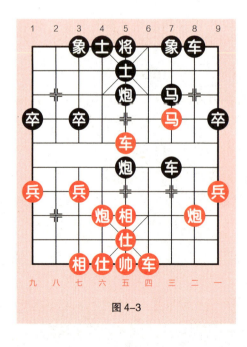

图 4-3

图 4-3 红先。形势分析：盘面双方兵力相等，战斗集中在中路。红方中车牵黑方车炮；黑方7路车虽捉红马但身处险地。红方可采用拦挡战术得子。着法如下：

（1）**马三退四！**

佳着！既逃马又拦车造成车捉中炮。

（1）…… 后炮平6

（2）**车五退一 炮6进7**

（3）**相五进三 炮6平9**

（4）**相三退五 车8进5**

（5）**车五平八**

至此红方得子，盘面占优。

▶ 例四：拦挡得子

图 4-4 红先。形势分析：盘面黑方边车胁红方三兵；红左车牵制黑方巡河担子炮。现红方综合考虑利用拦挡战术抢先得子。着法如下：

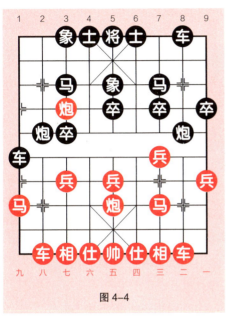

图 4-4

（1）兵七进一！

佳着！既挡车路，又活马路，还续有进七兵的手段。

（1）……　炮 2 平 1

黑方如改走马 3 进 1，则红方炮五退一，炮 2 进 4，马九进七捉双。

（2）马九进七　车 1 进 3
（3）兵七进一　车 1 平 7
（4）炮七平三　象 5 进 3
（5）车八进七　炮 8 退 2
（6）马七进五　前象退 1
（7）马五进四　车 7 平 6
（8）马四进三　车 6 退 7
（9）车八平七（红方得子占优）

▶ 例五：拦挡得子

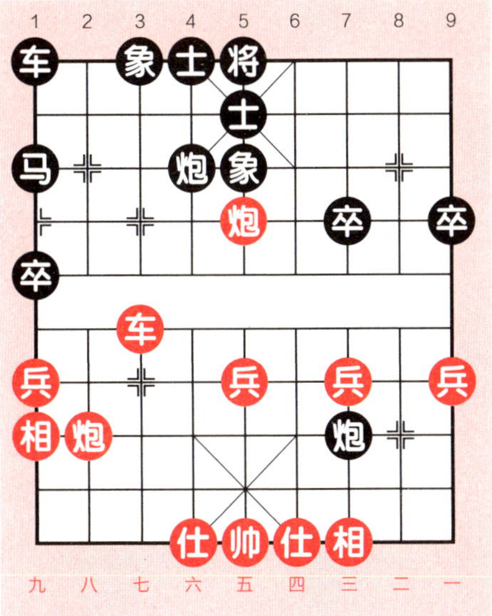

图 4-5 红先。形势分析：盘面黑方多一马，但黑方弱点多，右翼底车尚未出动，兵力集中于右翼，左翼空虚，前后方不协调。红方车双炮占位很好，已构成较多种杀形。现红方借拦挡催杀，可得子占优。着法如下：

（1）炮八平四！

红方此着伏车七平二，将 5 平 6，车二进五，将 6 进 1，炮五平四重炮杀。

（1）……　炮 4 进 2
（2）炮四进三！

再次拦炮要重炮杀。

（2）……　将5平6　　　　　（3）车七平二　象5退7

黑方如改走士5进4，则红方炮四平九借杀捉车。

（4）车二平四　炮4平5　　　（5）仕四进五　车1平2

（6）炮四平三　士5进6　　　（7）车四进三　将6平5

（8）炮三退三

至此红方得回一子并且有强烈攻势。

▶ 例六：拦挡得子

图4-6　红先。形势分析：黑方弱点是河沿车马暂被红车牵住，并且右翼底线空虚，红方可制造杀形，造成拦挡得子。着法如下：

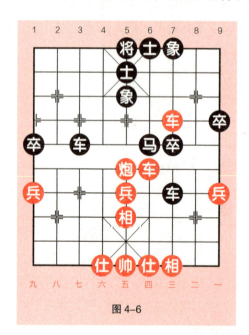

图4-6

（1）车三平九　将5平4

（2）炮五进一！车3退4

黑方如改走车3平5，则红方车九进三，将4进1，车四平八成双车错杀法。

（3）车四进一　车7平5

（4）车九退一（红方得马胜势）

第二节 拦挡入局

拦挡入局就是利用拦截手段切断对方兵力对将（帅）起保卫作用的通道，使对方的防御体系瘫痪，保障己方优势兵力在主战场强攻对方将（帅），实施杀法入局。

▶ 例一：拦挡入局

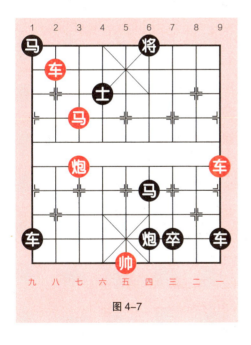

图 4-7

图 4-7 红先。本局选自《适情雅趣》之停车绊马。形势分析：盘面双方剑拔弩张，形势间不容发，红方双车马炮对黑方中路有入杀手段。黑方肋道马炮有一定防御能力，红方可借弃子拦截入局。着法如下：

（1）车一平四！　炮6退3
（2）马七进五　士4退5
（3）车八进一　将6进1
（4）马五退三　将6进1
（5）马三退五　将6退1
（6）炮七进四　士5退4
（7）马五进六　将6进1
（8）炮七退一（红方马后炮胜）

▶ 例二：拦挡入局

图 4-8 红先。形势分析：盘面红方少一子，但借中炮组织左翼双车马炮的绝对优势兵力，进攻黑方空虚的右翼，关键是突破黑方担子炮的防守。红方可采用

拦挡战术突破防线入局。着法如下：

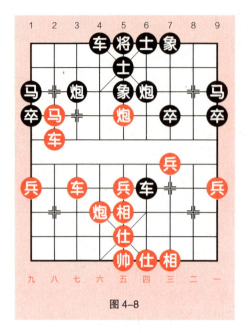

图 4-8

（1）炮六进五！　车6退3

黑方如改走炮6平4，则红方车七进四，炮4退1，车七平九，车6平5，炮五退一，红方杀回一子并有马八进六或马八进七的强烈攻势。

（2）车七进四　车6平5

（3）炮六平四　士5进6

（4）马八进六　将5进1

（5）车八平二！　马9退7

（6）车七平九　车5平4

（7）车九进一　后车进1

（8）车二进三

至此黑方已无法抵抗，红胜。

▶ 例三：拦挡入局

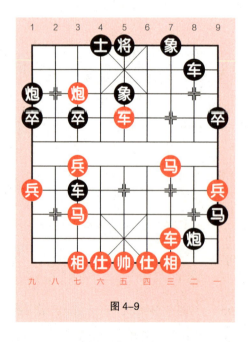

图 4-9

图 4-9　红先。形势分析：盘面双方兵力相等，黑方缺士。红方左马和右车被黑方捉双。但红方可借黑方缺士之机，利用双车马炮进行反击。现红方先用拦挡战术解攻还攻。着法如下：

（1）马三退二！　车3进1

（2）车三进八　将5进1

（3）炮七进一　车8进1

（4）炮七进一！　车8平7

（5）车三平五　将5平6

（6）前车平四　将6平5

（7）车五平七

至此红方成双车错杀法。

▶ 例四：拦挡入局

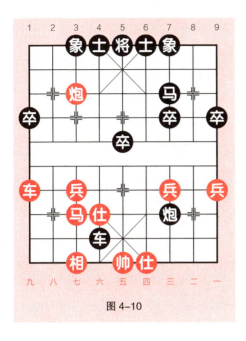

图 4-10

图 4-10 黑先。本局选自《梅花谱》中的一局。形势分析：现盘面红方缺相少兵，车马炮局促一隅，主力红车难以发挥作用，马炮遭黑方监控。黑方车炮占位好，现黑方催左马出击助战。车马炮合围红帅，造成拦挡入局。着法如下：

（1）……　　马7进5
（2）炮七退三　马5进7
（3）兵三进一　马7进5
（4）仕四进五　炮7平5
（5）帅五平四　马5进7
（6）兵三进一　卒5进1！

黑方进卒拦炮，保证左翼实施马后炮杀法。

（7）车九进三　马7进8

至此下一步黑方马后炮胜。

（8）帅四进一　炮5平9

▶ 例五：拦挡入局

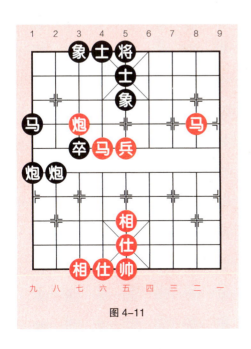

图 4-11

图 4-11 红先。形势分析：盘面双方兵力相等，已是残局阶段。黑方双炮马局促一隅，左翼空虚。反观红方双马炮兵均已占据攻防要点，有攻杀手段，并且红帅可相机助战，红方利用拦挡战术保证右翼攻击得手。着法如下：

（1）炮七平五　炮2退3

黑方如改走将5平6，则红方炮五平四，将6平5，兵五进一，马1退2，马二进三，将6平5，炮四退一，将6进1，兵五平四，士5进6，兵四进一，将6平

5，炮四平二，红方胜定。

（2）相五进七！炮1进1

红方再次拦炮，预谋出帅助攻。

（3）……　　马1进2
（5）马五进六！炮2平4
（7）兵五平六　马2进3
（9）炮五退二

（3）马六退五！

（4）帅五平四　炮1退5
（6）马六进七　炮1平3
（8）兵六进一　马3退4

至此红方利用四次拦挡使黑方右翼双炮马的防御陷于瘫痪，全局受困。以下红方有挺兵吃炮，再进兵拦炮的手段，红胜。

▶ 例六：拦挡入局

图4-12　红先。形势分析：盘面黑方阵形结构不协调，右翼空虚，左翼拥塞。红方中路炮马和左翼双车配合有多种攻杀手段。红方采用组合战术拦挡黑方兵力，保证攻杀入局。着法如下：

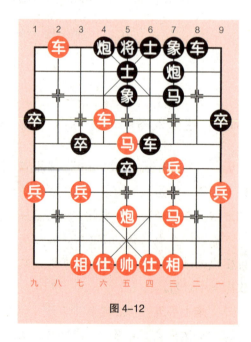

图4-12

（1）兵三进一！车6进2

黑方如改走炮7进3，则红方车六进三，士5退4，马五进六，将5进1，车八退一，红胜；又如黑方改走车6平7，则红方马五进四，炮7平6，马四退三，红方得车胜。

（2）兵三进一　马7退9
（3）兵三平四！马9进8
（4）马三进二　车6平7
（5）马二进三！

要着！至此红方先平兵拦车，现在进马拦马保证挂角马的进击。

（5）……　　卒5进1
（6）马五进四　炮7平6
（8）车六进三　将5进1
（10）车八平六（红胜）

（7）炮五进五　士5进6
（9）车六平五　将5平4

第三节　拦挡抢先

拦挡抢先就是利用拦挡手段切断对方兵力联系，瓦解对方的阵形结构，限制对方兵力的灵活性和协调性，保障己方在主战场以优势兵力取得主动权。

▶ 例一：拦挡抢先

图 4-13　红先。形势分析：盘面黑方净多两卒，但左翼炮马士位置不佳。红方可利用拦挡战术削弱黑方实力并抢夺先手。着法如下：

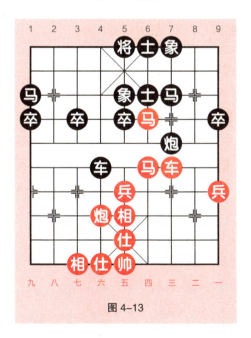

图 4-13

（1）兵五进一！

佳着！挺兵拦车解牵，造成车捉炮，马捉中卒的捉双形势。

（1）……　　车4退1
（2）后马进五　马7退9
（3）马四进二　炮7平8
（4）车三进四　马9进8
（5）车三退二　炮8退2
（6）车三平二　炮8平9
（7）车二平一

至此红方利用拦挡战术追回两卒，并且车马炮占位好，全局阵形协调。黑方阵形散乱。红方已反先占优。

▶ 例二：拦挡抢先

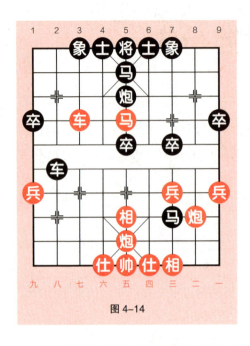

图 4-14

图 4-14　红先。形势分析：盘面黑方的弱点是窝心马，前后攻防不协调。红方弱点是窝心炮，但前方车马和右炮占位好，可协调组织进攻。现红方可用拦挡战术清除弱点，保障前方进攻。着法如下：

（1）相五进七！

飞相拦车既防黑车平6路肋道叫杀，又可退中马踩卒伏挂角马杀法。

（1）……　　马7进5
（2）仕四进五　炮5平1
（3）炮二进三　卒5进1
（4）马五退三　象7进5
（5）马三退五

至此红连得两卒并有炮镇中路、马奔卧槽多种攻法，红方已占优势。

▶ 例三：拦挡抢先

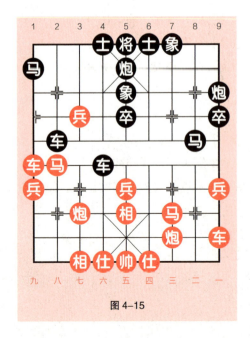

图 4-15

图 4-15　红先。形势分析：盘面战斗集中在左边，双方形成互捉。黑方的弱点是窝心炮和边马，灵活性差。红方过河兵控制边马。现红方可用拦挡战术抢先迅速向左翼集中兵力，夺取优势。着法如下：

（1）炮七进二　炮9退1
（2）炮三平八　车2平3
（3）马八进九　车3退1
（4）炮八进八　车3退3
（5）车一平八　车4退2
（6）马九退七　马1进3
（7）炮七进三

至此红方以兵换马，形成沉底炮攻势。

（7）……　　炮5平7

黑方如改走车4平3，则红方马七进九。

（8）炮七平九　炮7平1　　　　（9）车九平二（红方多子占优）

▶ 例四：拦挡抢先

图4-16　红先。形势分析：盘面黑方的弱点是右翼车马炮不协调，3路马弱点明显。红方弱点是九路马灵活性差。现红方用拦挡战术进攻黑方弱点，调整阵形，造成拦挡抢先。着法如下：

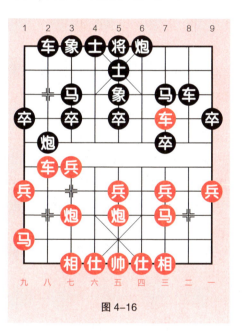

图4-16

（1）兵七进一！　象5进3

（2）仕六进五　　象3进5

（3）炮五平六　　炮6平7

（4）车三平四　　炮2平1

（5）车八进五　　马3退2

（6）马九进八　　车8进3

（7）兵三进一！　车8平7

黑方如改走车8退1，则红方炮七平八，马2进3，兵九进一，红方捉死炮。

（8）炮七平八　　炮1平2

（9）相七进五　　炮2进3

（10）相五进三　炮2平7

（11）前相退一

至此红方用马炮换车已占胜势。

▶ 例五：拦挡抢先

图4-17　红先。形势分析：黑方弱点是中路防守薄弱，全局阵形结构左右不协调。红方双车双马炮可采用组合战术强攻中路，并用拦挡战术，阻黑方支援中路。着法如下：

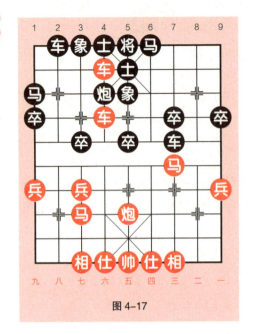

图4-17

（1）马七进五　车2进5
（2）兵七进一！

红方如改走马三进五，则黑方车7平5，炮五进三，车2平5，炮五进一，车5进1，相七进五，马6进7，红方无便宜可占。现进兵拦车，保证中路攻势，是抢先夺势要着。

（2）……　车2进1
（3）兵七进一　马6进8
（4）兵七进一　车2平3
（5）兵七进一　车3退4
（6）马三进五

至此红方弃还七兵后，马踏中卒，展开中路攻势，红方大占优势。

▶ 例六：拦挡抢先

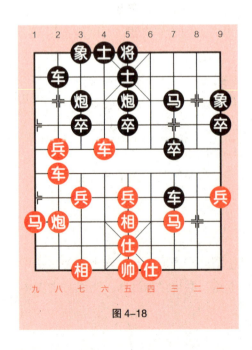

图4-18

图4-18　黑先。形势分析：红方重兵集结左翼，右翼空虚。黑方可采用战术组合转换攻红方右翼，并用拦挡战术，拦红车支援右翼，从而抢得先手和优势。着法如下：

（1）……　炮3平2！
（2）兵八平九　炮2进5
（3）车八进四　炮2平7
（4）车八退四　卒7进1！

黑方冲卒拦车是要着，是前边一车换双的后续手段。

（5）帅五平六　炮5平4
（6）车六平八　象3进5
（7）仕五进四　卒3进1！

黑方再冲3卒拦车，为后方炮马出击创造机会。

（8）后车退三　车7平5　　　（9）后车平三　卒7进1
（10）马九退七　炮4进2　　　（11）车八退一　车5平4
（12）帅六平五　炮4平5　　　（13）相五退三　车4进1
（14）车八平四　车4平3

　　至此红方双车马被禁困，黑方续有渡3卒、炮打边兵等多种进攻手段，黑方优势。

第五章
兑 子 战 术

　　兑子战术是指在具体的战斗过程中利用交换价值相等的子力达到得子、抢先取势、解除危险、谋求和局的目的战术。

　　兑子战术是棋战重要的基础战术和常用战术。它的作用是通过兑子调整己方兵力组合，阵形结构以利攻防；破坏对方防御体系，削弱对方组合战斗能力，使双方攻守态势发生有利于己方的变化。

　　兑子的基本原则：一是对比兑换兵力的联系性、灵活性、协调性和有效性，重点在对比兵力的有效性和针对性；二是估算兑换兵力的动态价值，主要是步数移动的多少，重点对比双方对攻的速度。

第一节 兑子得子

兑子得子就是通过兑换兵力，使对方兵力结构出现弱点，造成得子局面。

兑子得子的重点是判断兵力的灵活性和联系性，难点是和其他战术组合应用的有效性。

▶ 例一：兑子得子

图 5-1　红先。形势分析：盘面左边双方兑车，红方双马活跃，黑方双马灵活性差，双方在黑方半场呈对峙状态。现红方可出右车采用兑子战术，破坏黑方防御体系形成捉双得子。着法如下：

（1）车一平三！　车 7 进 5

黑方如改走车 3 退 1，则红方车三进五，车 3 进 3，马四进二仍得子；又如黑方改走车 7 平 5，则红方马四进三，车 3 退 1，马六进七，车 5 进 2，马三进二，红方得炮并伏车杀底象叫杀的手段。

（2）车七退一

至此双方兑车后，红方形成相捉车，车马联合捉马的局面。

（2）……　车 7 退 3

（3）马四进二　炮 8 进 3

（4）车七平二（红方得子胜势）

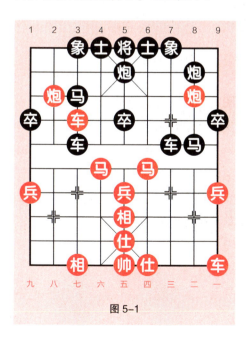

图 5-1

例二：兑子得子

图 5-2 红先。形势分析：盘面双方战斗集中在左右两翼 3 路线。红方可用兑子赚象战术，取得优势。着法如下：

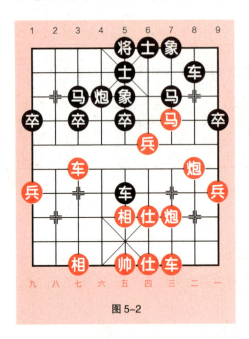

图 5-2

（1）**炮三进五**　炮 4 平 7

黑方如改走卒 3 进 1，则红方炮三平六，卒 3 进 1，马三进二，士 5 进 4，红方得子。

（2）**马三进五**　象 7 进 5

（3）**车三进七**

至此红方兑子赚象，此种手段实战常用。

（3）……　车 5 平 6

黑方如改走马 3 退 4，则红方炮二平三，车 5 平 7，兵九进一，红方占优。

（4）**车三平五**

至此通过兑子红方赚双象，已占胜势。

例三：兑子得子

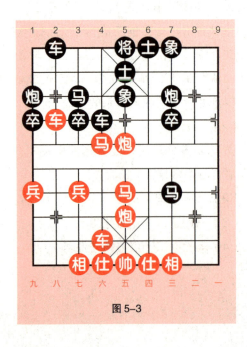

图 5-3

图 5-3 红先。形势分析：盘面双方战斗集中在棋盘左侧。红方双车双马双炮全部投入战斗，八路呈兑车状态，双炮镇住中路。黑方左翼马炮对红方不能形成有效攻势。红方可借优势兵力采用兑子战术突破黑方防线得子。着法如下：

（1）**马五进七**　车 4 退 1

黑方如车 2 进 3，则红方马七进六，伏前马挂角或卧槽，后马捉车，黑方局势崩溃。

（2）**马六进七！**车 2 进 3

（3）车六进六　炮1平4

（4）后马进八（红方得子胜势）

▶ 例四：兑子得子

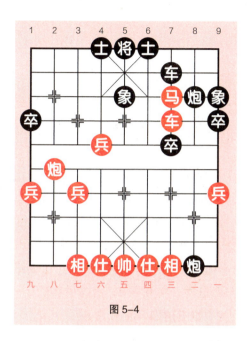

图 5-4

图 5-4　红先。形势分析：盘面红帅牵制黑方中象。黑方7路车牵制红方车马。红方车马炮兵四子，在帅的配合下阵形协调。红方可用兑子战术得子。着法如下：

（1）车三平二　车7进1
（2）炮八进三！车7退1
（3）车二进一　象9退7

黑方如改走炮8平9，则红方车二平五，士4进5，车五平七，将5平4，炮八退三，后续有炮八平六，士5进4，车七平六的杀着。

（4）车二退七

至此红方马炮兑换后又得一炮盘面成车炮四兵，必胜车三卒。

▶ 例五：兑子得子

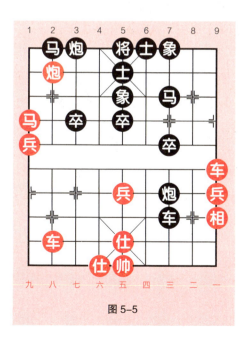

图 5-5

图 5-5　红先。形势分析：黑方弱点是阵形结构散乱，左右兵力不协调，右翼马炮被压制。红方弱点是右翼底线空虚，黑方有平车吃相造成抽将之势。现红方可借兑子战术既解右翼之险又能得子。着法如下：

（1）炮八退五！

红方如改走炮八平九也可得子，但黑方车7平9后有炮车沉底抽将之势，红方有后顾之忧。

（1）……　马2进1

（2）炮八平三　车7退1　　　　（3）车八进六　马7进6

黑方如象5进3，则红方兵九平八，象7进5，兵八进一，红方仍可捉死边马。

（4）车八平九　马6进5　　　　（5）车一平六

至此红方得子并且双车马集中左翼，胜势确立。

▶ 例六：兑子得子

图 5-6　红先。形势分析：盘面黑方整体阵形散乱，双马灵活性、联系性均差，双炮位置缺乏有效性。红方可针对黑方中路薄弱的环节，采用兑子战术抢先进攻得子。着法如下：

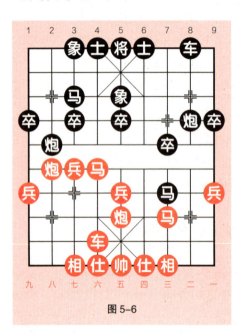

图 5-6

（1）马六进五　马3进5

黑方如改走马7进5，则红方马五进七，马5进7，车六平三，炮8平7，车三平六，士6进5，兵七进一，象5进3，炮八平五，将5平6，车六平四，士5进6，车四进六，将6平5，红方胜势。

（2）炮五进四　士6进5

（3）车六进四　炮8进5

（4）车六平三　炮8平7

（5）车三平八　车8进7

（6）相七进五

至此黑方如吃马，则红炮退二打死车。以下红方炮八退二稳定右翼，得子胜势。

第二节　兑子入局

兑子入局就是通过兑换兵力破坏对方防御阵形，制造技战术和杀法的实施机会，重点是判断对方兵力护卫将帅的有效性和将帅自身安全性。

▶ 例一：兑子入局

图 5-7　红先。形势分析：盘面双方战斗集中在棋盘左边。红方已集中双车双炮马的绝对优势兵力。黑方只有车马防守且士象防御方向颠倒，右翼底线洞开。红方可采用兑子战术突袭底线入局。着法如下：

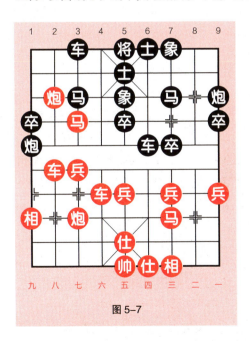

图 5-7

（1）马七退九　　卒 1 进 1
（2）炮七进五　　车 3 进 2

至此红方先手兑换黑方马炮，黑方底线门户洞开，以红方双车炮进攻得手。

（3）车六进五　　车 3 退 2

黑方如改走炮 9 退 1，则红方炮八平五，士 5 退 4，车八进五后成双车错杀。

（4）炮八进二　　车 3 进 2
（5）炮八平九

以下红方再进八路车成杀。

▶ 例二：兑子入局

图 5-8　红先。形势分析：红方在左翼有双车炮马绝对优势兵力。黑方右翼空

虚。中路红方中炮连环马对黑方压力很大，红方可借兑子战术削弱黑方右翼防守力量，然后抢先策应中马和底车出击，从而入局。着法如下：

（1）炮七进三！　炮7平3

（2）马五进六　车1平4

黑方为不得已之着，如黑方躲炮，则红方马六进四，黑方防御阵形崩溃。

（3）车九平八　炮2平6

黑方如改走炮2退7，则红方马六进七胜定。

（4）马六进七　炮6平5

（5）炮五进六　象7进5

（6）马七进六　炮5退3

（7）马六退五（红方胜定）

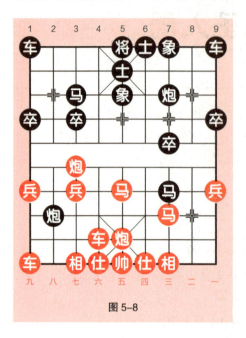

图 5-8

▶ 例三：兑子入局

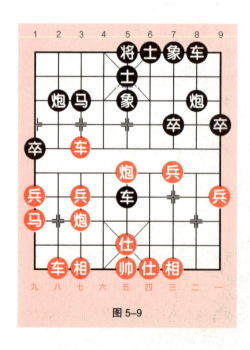

图 5-9

图 5-9　红先。形势分析：盘面红方以中炮为核心在左翼集中双车双炮马的绝对优势兵力。黑方右翼底线空虚，左翼底车暂不能发挥作用。红方可用组合战术，强迫黑方兑子从而制造杀法入局。着法如下：

（1）车七平五！　马3进4

（2）车八进五　马4进3

（3）马九进七！

红方用暂无作用的边马换掉黑方正在发挥牵制作用的3路马是兑子战术常用手段。

（3）……　车5平3

（4）车五平七　车3退2　　　（5）车八平七　将5平4
（6）车七平六　将4平5　　　（7）车六平九　炮2平1
（8）车九平八　炮1平2　　　（9）炮七平八

至此黑方如续走炮2平4，则红方车八进四，炮4退2，帅五平六，红方铁门栓杀法胜。

▶ 例四：兑子入局

图 5-10　黑先。形势分析：盘面红方弱点是七路线河沿车暂被牵制，车马兵相灵活性、联系性均差。黑方弱点是右车晚出，左翼红方有三兵渡河之势。现黑方可利用红方七路线弱点的主要矛盾，采用兑子战术入局。着法如下：

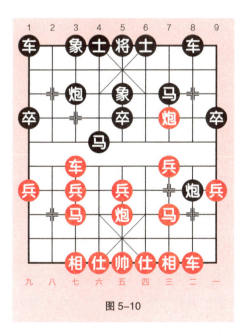

图 5-10

（1）……　　　炮8平3！
（2）相七进九　车8进9
（3）马三退二　车1平2
（4）马二进三　车2进8！
（5）兵五进一　后炮平2
（6）兵五进一　车2平3！
（7）兵五平六　炮2进7
（8）仕六进五

红方如改走相九退七，则黑方车3退1，马三退五，炮3进3，马五退七，车3退2，黑方得车胜定。

（8）……　　　炮3平2

至此黑方续有前炮平9叫杀、车3进1抽车马多种手段，红方已无法抵抗，黑胜。

▶ 例五：兑子入局

图 5-11　红先。形势分析：红方以中炮为核心双车占据要津，双马活跃，唯一弱点是三路底相。黑方弱点是双车在低位，中路防守薄弱。红方采用兑子战术，充分发挥马攻击面宽广的优势，抢先入局。着法如下：

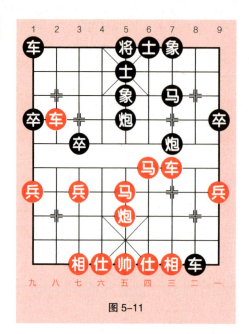

图 5-11

（1）马四进五！炮 7 进 5

黑方如改走马 7 进 5，则红方相三进一，马 5 退 7，车八平三，车 8 退 7，马五进四，红方胜势。

（2）车三退四　车 8 平 7

（3）前马进三！车 7 退 7

（4）马五进四　车 7 进 2

（5）马四进六　将 5 平 4

（6）马六进七　车 7 平 4

（7）马七进九（红方得车胜定）

第三节　兑子抢先

> 兑子抢先就是通过兑换兵力能够增强己方优势兵力的打击强度，加快向敌方进攻的速度，提高掌握局势的力度。

▶ 例一：兑子抢先

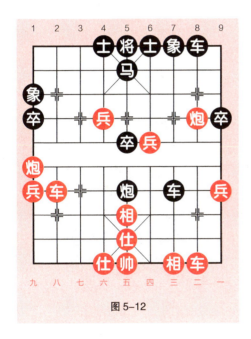

图 5-12

图 5-12　红先。形势分析：盘面黑方弱点是兵行线车炮被牵，边象被捉，窝心马位置不好，少卒，阵形结构散乱。红方弱点是二路车炮被牵，过河兵被踩。红方可利用兑子战术抢先，确保以多兵优势进入残局。着法如下：

（1）车八平五！　车8进3

（2）车五平三　车8进6

（3）兵四平五

至此双方兑掉车、炮，红方有车炮四兵，黑方有车马双卒且窝心马受制、边象被捉，红方得势占先。

▶ 例二：兑子抢先

图 5-13　红先。形势分析：盘面现实战斗在红方右翼。黑车双炮配合对红方底线威胁甚大，但红方八路车压死黑马，使黑方右翼瘫痪，红方可采取兑子战术抢先消除右翼弱点，确保全局形势占优。着法如下：

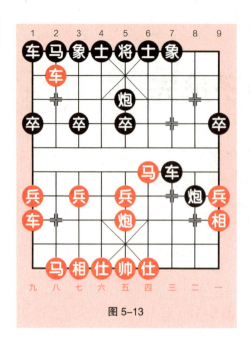

图 5-13

（1）炮五进四　士6进5

黑方如改走炮5进4，则红方马四进六，伏有马四进五，士6进5，马五进七，将5平4，车九平四的杀着，红方优势更大。

（2）车九平二！　车7平6
（3）车二进一　车6退2
（4）炮五退二　车6平5
（5）车二进一

至此双方兑换马炮后，红方消除右翼弱点，全盘左车压马的优势一目了然。

▶ 例三：兑子抢先

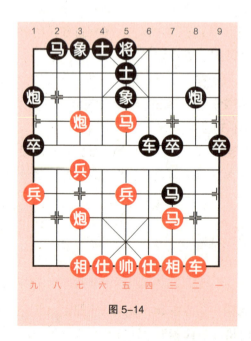

图 5-14

图 5-14　红先。形势分析：盘面双方子力相等。红方双炮马对黑方3路和中路有潜在威胁，红方中马占位好和双炮配合有多种战术选择。黑方双炮仅起防守作用，右马占位极差。现红方采用兑子战术，突破黑方担子炮防线抢先。着法如下：

（1）马五进三！　炮1平7

黑方如改走车6退2，则红方前炮平五，炮1平3，车二进七，红胜。

（2）车二进七　炮7平6
（3）前炮平一　将5平6
（4）车二进二　将6进1
（5）炮一平六　象3进1
（6）炮六平八　炮6平7
（7）炮八进二　士5进4
（8）仕四进五

至此黑方防守兵力阵形散乱，红方车双炮夹击有多种战术选择，红方优势。

▶ 例四：兑子抢先

图 5-15 红先。形势分析：盘面黑方的弱点是窝心马，但前方双车炮马对红方有潜在威胁。红方七兵过河，左马活跃，担子炮防御能力较强，红方可用兑子战术消除后顾之忧，抢先在左翼进攻。着法如下：

（1）车一退一！　马 8 进 6
（2）炮九平四　车 6 平 9
（3）马八进六

至此红方一车换双后，左马扑卧槽，已夺取局势主动权。

（3）……　车 9 平 6
（4）马六进七　车 4 退 5
（5）兵七进一

至此黑方两个肋车分别被卧槽马和肋炮牵制，窝心马无出路，红方续有炮二退一再平四逐车，随之进炮打车的手段。红方优势明显。

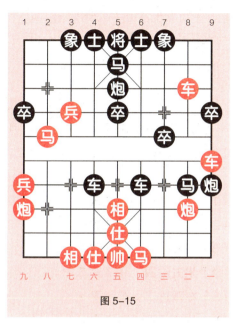

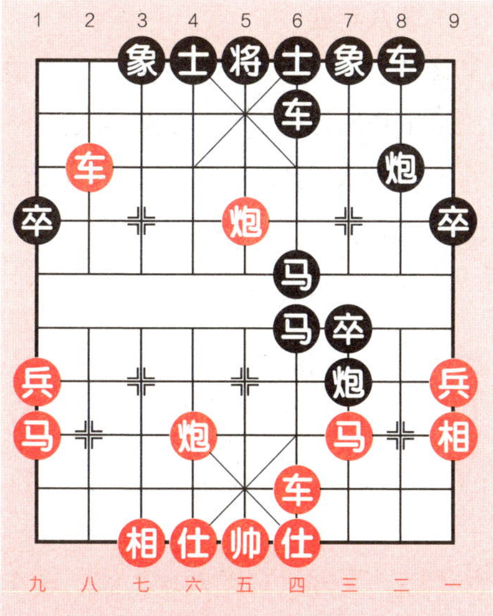

图 5-15

▶ 例五：兑子抢先

图 5-16 黑先。本局选自《梅花谱》。形势分析：双方战斗焦点在中路和红方右翼。中路红方车炮配合有抽将，但后续兵力跟不上，抽将作用有限。黑方全部兵力集中在左翼，双马活跃。黑方可借优势兵力采用兑子战术抢先。着法如下：

（1）……　后马退 7！
（2）车八平五　士 6 进 5
（3）车五平三　马 6 退 5
（4）车四进七　炮 7 退 4
（5）车四退二　炮 7 进 5

图 5-16

（6）车四平五

至此经大量兑子黑方消除空头炮威胁，并集中车双炮攻红方右翼，且7卒过河黑方已抢到先手。

（6）……　　炮8进7　　　（7）相一退三　车8进8
（8）仕六进五　炮7平9　　（9）车五平三　车8平7
（10）相七进五　炮9进2　（11）帅五平六　车7平5

至此黑方攻破红方仕相防御，车吃仕占中心已呈胜势。

▶ **例六：兑子抢先**

图5-17　红先。形势分析：盘面主要矛盾是黑方双炮在3线封红方双车。但担子炮阵形结构脆弱，有被红方牵制之嫌。红方可利用三兵进击，制造更多弱点，实施兑子抢先战术夺得优势。着法如下：

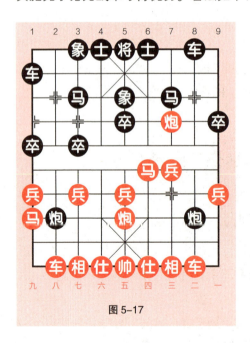

图5-17

（1）兵三进一　象5进7
（2）兵五进一　象3进5
（3）马四进五　马3进5
（4）炮五进四　马7进5
（5）车八进二　车1平7
（6）炮三平四　车7平6
（7）车八平四

至此红方弃三兵后通过兑子，形成右翼二路车牵制黑方车炮，并有兵五进一欺马的连续战术手段。红方已抢先控制局势，优势明显。

▶ **例七：兑子抢先**

图5-18　红先。形势分析：盘面双方兵力相等。黑方双车深入攻杀线，左车捉炮，并且有右炮左移集中兵力之势。红方看似兵力分散，右边炮被捉。但红方

可借兑子战术抢先。着法如下：

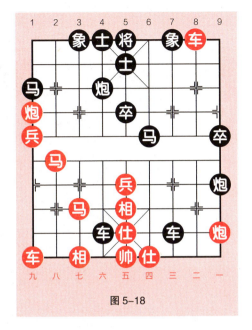

图 5-18

（1）车九进一　车4退5

黑方如车4平1兑车，则红方炮九退五，续有炮九平三打车和兵九进一捉马的手段，红方大优。

（2）仕五退六　车7退2
（3）炮一平七　象3进5
（4）仕六进五　车4进5
（5）马八进七　马6进5
（6）后马进五　炮9平5
（7）炮七进二！

红方再次兑车，解攻还攻牢牢掌握先手。妙极！

（7）……　车4平1
（8）炮九退五　炮5退1
（10）炮九平五　将5平6
（12）车二平三　将6进1
（9）炮九进六　车7平3
（11）炮五退三　车3退3
（13）车三退四

至此在红方精心策划的大兑子后，形成车炮兵必胜车炮卒缺双象的实用残局。

第六章
弃子战术

　　弃子是指在具体的攻防战斗过程中，为了夺取战场的主动权，占取全局优势，以至入局取胜，而在具体的局部的战斗中有意识地牺牲部分子力的战术。

　　弃子战术是重要的基础战术和常用战术。弃子是象棋攻防战的核心和精髓，是象棋攻击入局制胜的必要手段。

　　掌握和运用弃子战术，必须具有深厚的形势判断功力，正确理解"子"与"先"之间的辩证关系，熟练掌握战术杀法和弃子的内在联系。

　　弃子战术的原则是必须抓住棋战的主要矛盾，弃子能保证主战场的先手和优势。弃子往往是在具有决战性质的战斗中做出的决定，因此必须对胜算概率做出精确判断。

　　弃子主要有弃子突破防线、弃子引离对方子力、弃子抢占攻防要点。

第一节　弃子入局

> 弃子入局的关键是掌握准确的杀法，难点是用技战术组合以弃子为关键推动杀势入局。

▶ 例一：弃炮引离入局

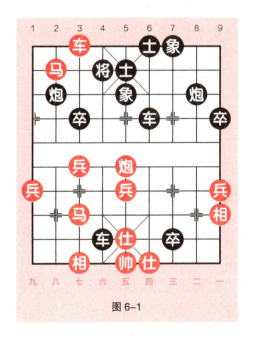

图 6-1

图 6-1　黑先。形势分析：盘面黑方右翼面临红方穿心车杀法，形势间不容发。黑方双车双炮过河卒子力配合协调，在将的助攻下可发挥攻击的有效性和针对性。黑方采用弃子引离战术入局。着法如下：

（1）……　炮8进7

黑方如改走炮8退1，则红方车七退一，将4退1，车七退二，炮8平2，车七平四，红方得车占优。

（2）相一退三　炮2进7！

黑方弃炮引离红马是入局关键。

（3）马七退八　车6进6
（4）仕五退四　车4进1
（5）帅五进一　炮8退1
（6）帅五进一　车4退2（黑胜）

▶ 例二：弃炮引离入局

图 6-2　红先。形势分析：盘面黑方右翼空虚。红方集中车双炮马的优势兵力，攻击黑方底线空门。黑方左翼车马炮效率低，难于增援右翼。红方可采用弃

77

子引离战术入局。着法如下：

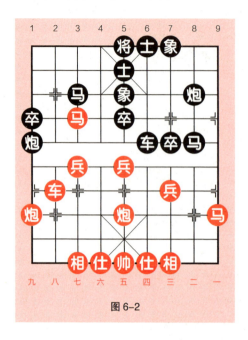

图 6-2

（1）炮九进四！ 马3进1
（2）车八进六 士5退4
（3）炮五进四 士6进5
（4）炮五平九

至此红方形成三子归边，胜利在望。

（4）…… 将5平6
（5）仕四进五 马8进9
（6）炮九进三 将6进1
（7）马七进五 车6退1
（8）炮九退一 士5进4

黑方如改走将6进1，则红方炮九退一，将6退1，炮九平二，红方得炮胜。

（9）马五进六 将6平5
（10）马六退八 将5进1
（11）车八平五（红方胜定）

▶ 例三：弃马引离入局

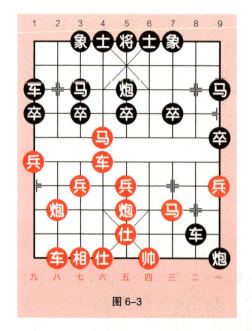

图 6-3

图 6-3 红先。本局选自《橘中秘》得先类大列手炮。形势分析：盘面黑方弱点是前后兵力脱节，右翼车马灵活性差。红方前方车马活跃，河沿马位置很好，双车双炮配置协调。红方采用弃子引离战术可迅速入局。着法如下：

（1）马六进八 车8退7
（2）车六平四

至此形成左右夹击，并且禁控黑方后防双车马炮及士象。

（2）…… 卒1进1
（3）马八进七！

红方卧槽弃马引黑车右移，精妙之着。

（3）……　　车 8 平 3
（5）炮八进六　车 3 平 2

▶ 例四：弃马引离入局

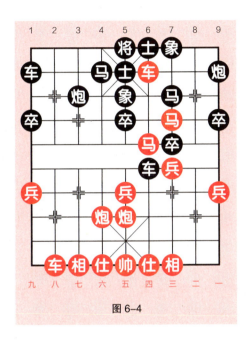

图 6-4

（4）车四进五　将 5 进 1
（6）车八进八（红胜）

图 6-4　红先。形势分析：盘面双方兵力相等。作战区域在黑方半场，黑方兵力均处守势，并且分在两翼。红方以中炮为核心协调左右两翼的攻势，可采取弃马破象入局。着法如下：

（1）马三进五！　马 7 进 6
（2）马五进七！　炮 3 平 4

黑方如改走车 1 平 3，则红方车八进九，士 5 退 4，车八平六，红胜。

（3）车八进九　士 5 退 4
（4）车四平六　马 6 退 5
（5）炮五进四　马 5 退 7
（6）车六平四　车 1 平 3
（7）车八平六（红胜）

本局红方首着三路马踏中象，弃肋马引离黑方 7 路马，使黑方中卒脱根，为随后红方中炮出击创造条件。

▶ 例五：弃车引离入局

图 6-5　红先。形势分析：盘面战斗集中在黑方区域。黑方的弱点是窝心马，全部兵力被压制在卒行线以下。红方右翼车炮被牵制，黑炮正捉红车。红方可利用马的极佳位置，采用弃子引离战术入局。着法如下：

（1）车二平五！　马 7 进 5

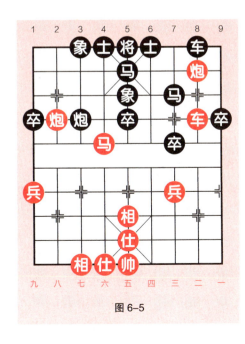

图 6-5

黑方如改走车8进1，则红方车五平七，双方兑炮后，红方封锁卒行线，有左炮沉底、河沿马奔袭等手段，红方大优。

（2）炮八平五

红方弃车引离马，先镇中炮，再弃右炮。

（2）……　　炮3进1

黑方如改走车8进1，则红方马六进八扑卧槽胜。

（3）炮二平三　车8平7　　　　（4）炮三平二　车7平8

（5）炮二平三　卒9进1　　　　（6）炮五退二　车8平7

（7）马六进四　炮3退3　　　　（8）炮三平七

至此红方下一步马四进六胜。

▶ 例六：弃炮破防入局

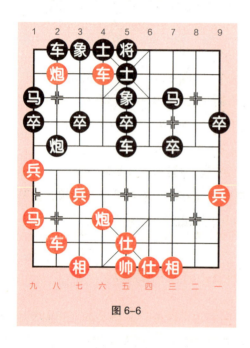

图6-6

图6-6　红先。形势分析：双方战斗区域在黑方右翼，重点是肋道。黑方的弱点是4路底士。现红方集结双车双炮马的绝对优势兵力在左翼。红方可采取弃子破士的战术，强行突防入局。着法如下：

（1）炮六进七！　士5退4

（2）车八平六　　炮2平4

（3）马九进八　　士4进5

（4）马八进六　　将5平6

（5）马六进七　　车2平1

（6）前车平五！　马7退5

（7）车六进八（红胜）

本局中红方弃炮破士助车入局是实战中常用战术。

▶ 例七：弃炮破防入局

图6-7　红先。形势分析：盘面红方双车双炮从底线和肋道成直角形攻将形态。反观黑方后防薄弱，前方双车炮的攻击力不强，红方可用弃炮破象战术入

局。着法如下：

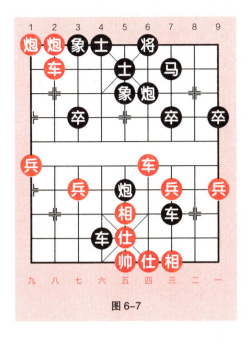

图 6-7

（1）炮九平七！　象5退3
（2）车八平五　车4退6
（3）车五退五　车7平8
（4）车五进五　马7进9
（5）车五平一　车8退5
（6）车四平八　炮6平7
（7）车八进四　车4平6
（8）车八平六　炮7退2
（9）车一平三　车8平7
（10）车三进一！　车7退2
（11）车六进一　将6进1
（12）车六退一（红胜）

▶ 例八：弃马破防入局

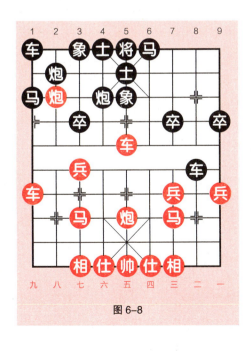

图 6-8

图 6-8　红先。形势分析：盘面红方双车双炮双马阵形结构紧凑，对黑方中路形成巨大压力。黑方右翼兵力被封，只有8路车策应中路。红方优势明显。红方可用弃子破防战术入局。着法如下：

（1）车五平六　车8平5
（2）马七进五　车5平6
（3）马五进四　炮2平1
（4）马四进五！

红方弃马破象，强攻中路，着法凶狠。

（4）……　马6进5
（5）炮八平五　将5平6
（6）兵三进一

红方不躲边车而进兵捉黑车，深得形势判断要领。

（6）……　炮1进5
（7）马三进四　象3进5
（8）马四进三　炮1平7
（9）马三进五　将6进1
（10）炮五平四　马1退3
（11）马五退四　炮7平6
（12）马四进三　炮4平6
（13）车六平二！　后炮进5
（14）车二进三　将6进1
（15）马三进二

至此红方下一步车二退一胜。

▶ 例九：弃车破防入局

图6-9　红先。形势分析：盘面红方中路车双炮马在帅的助攻下已形成强大的打击兵团。反观黑方中路空虚，两翼兵力不协调，子力的灵活性联系性差。红方四路马位置极佳。红方可采用弃子破防战术入局。着法如下：

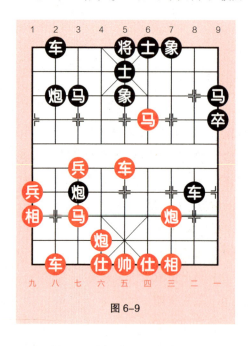

图6-9

（1）车八进七！

红方弃车砍炮破掉黑炮对中象的防守。

（1）……　车2进2
（2）车五进三！　将5平4

黑方如改走象7进5，则红方炮三进七，象5退7，马四进六，红胜。

（3）车五平六　将4平5
（4）马四讲三　马9退7
（5）炮三进七（红胜）

▶ 例十：弃车破防入局

图6-10　红先。本局选自《梅花谱》下卷列手炮。形势分析：盘面双方各攻一翼。黑方左翼双车配合中炮正在捉马，但战术手段选择有限。红方双车炮马攻黑方右翼，兵力优势集中，红方可选择弃子战术入局。着法如下：

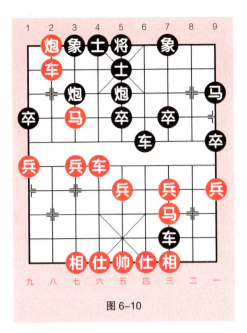

图 6-10

（1）车八平七！ 车 7 退 1
（2）车七进一 将 5 平 6
（3）车七退二 将 6 进 1
（4）炮八退一 将 6 退 1
（5）仕六进五 炮 5 进 4
（6）帅五平六 象 7 进 5
（7）车七平五！

红方弃车吃象，精妙之着！

（7）…… 炮 5 退 4
（8）马七进五

至此红方下一手车六进五绝杀，黑方已无法抵抗。

▶ 例十一：弃马占位入局

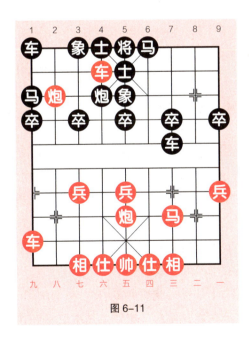

图 6-11

图 6-11 红先。形势分析：盘面黑方的弱点是右翼车马被封，难以发挥攻防作用，左马位置不佳，整体情况是阵形结构散乱，中路防守薄弱。红方弱点是右马被捉，但双车双炮配合有效性、针对性强。红方可弃马抢占攻防要点入局。着法如下：

（1）车九平二！

红方弃马左车右移，造成夹击之势。

（1）…… 车 7 进 3

黑方如改走炮 4 进 2，则红方马三进四，炮 4 平 5，马四进五，车 7 平 6，马五进七，炮 5 进 3，车二平六，以下红方立马车胜。

（2）炮八平五 马 6 进 5
（3）车二进八 士 5 退 6
（4）炮五进四 士 4 进 5
（5）车六平五（红胜）

▶ **例十二：弃炮占位入局**

图 6-12 红先。形势分析：盘面双方战斗集中在黑方右翼。黑马捉炮，双方投入战斗兵力均不构成有效攻势，但红方左翼集中了双车双炮马，兵力绝对优势。红方可用弃子占位的战术开通左翼车马进攻通道，从而入局制胜。着法如下：

（1）车七平九！　马1进3
（2）车九进四　车4退3
（3）马九进八　马3退5

黑方如改走炮2平1，则红方前车平六，将5平4，马八退七，红方兵种齐全，净多两兵，子力占位相对较优，红方胜望甚浓。

（4）前车平六　将5平4
（5）车九进九　将4进1
（6）马八进六　炮8进3
（7）车九退一　将4退1
（8）马六进七　将4平5
（9）车九进一（红胜）

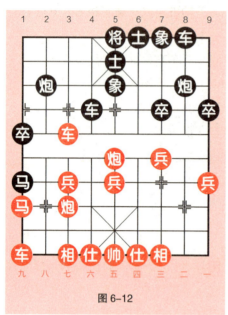

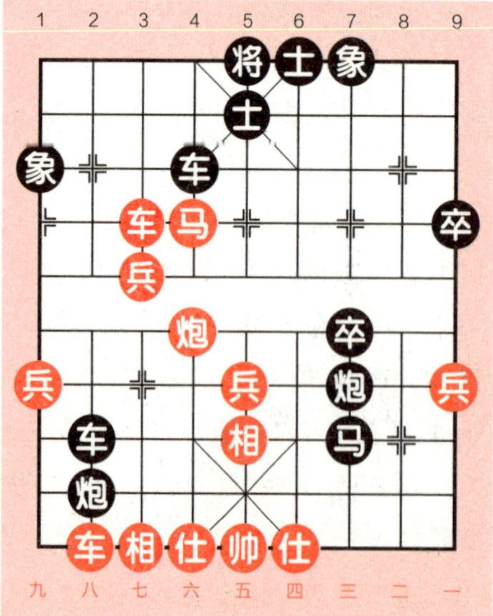

图 6-12

▶ **例十三：弃车占位入局**

图 6-13 黑先。形势分析：盘面乍看战斗集中在黑方右翼，黑方肋车被捉，2路车炮被牵，形势险峻。从全局看红方右翼空虚，黑方炮马看似不能组成有效攻势。现黑方针对红方右翼空当，采用弃子占位战术入局。着法如下：

（1）……　炮2平9！

黑方右炮左移，弃双车造成三子归边求杀。

（2）车八进二　炮9进1
（3）仕四进五　马7进9

图 6-13

（4）马六进四

红方无奈之着，如改走帅五平四，则黑方马9进7，将4进1，马7退8，将4进1，炮9退2，马后炮胜。

（4）……　车4平6　　　　（5）炮六平五　士5退4

（6）车七平五　士6进5　　（7）车五平二　将5平6

（8）仕五进四　马9进7　　（9）车二退六　车6平8

至此红方如走车二平一，则黑方马7退6，帅五平四，炮7平6，马后炮胜；又如红方走相五退三，则黑方车8进7，仕六进五，车8平7，仕五退四，炮7平8，以下黑方二路夹车炮胜。

▶ 例十四：弃车占位入局

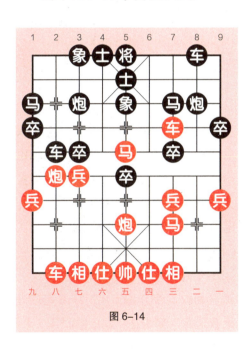

图6-14

图6-14　红先。形势分析：盘面黑方左右两翼被分割，中卒成众矢之的。红方中路马炮和卒行线车配合协调良好，战术选择路数多。红方可采用弃子占位战术弃左车加强中路攻势。着法如下：

（1）炮八平五！　车2进5

（2）马五进六　将5平6

（3）前炮平四！

红方再度弃马占位求杀。

（3）……　士5进4

（4）车三平四（红胜）

▶ 例十五：弃车占位入局

图6-15　红先。本局选自《橘中秘》得先类大列手炮。形势分析：双方各攻一翼，黑方左炮捉车，但右翼空虚，红方前方车炮不能做杀。现红方可用弃子占位战术，运子集中强攻黑方右翼入局。着法如下：

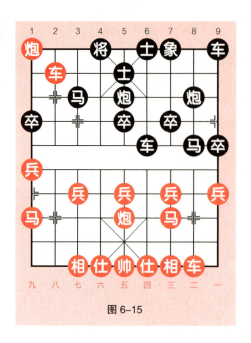

图 6-15

（1）炮五平六！炮 8 进 7
（2）马九进八

至此成四子归边之势。

（2）……　车 6 进 3

黑方如改走马 3 进 2，则红方马八进六，士 5 进 4，马六进七，将 4 平 5，马七进六，红方闷杀胜。

（3）马八进六！车 6 平 4
（4）马六进七　将 4 平 5
（5）车八进一　士 5 退 4
（6）车八平六（红胜）

本局红方两次弃子占位，先是弃车中炮占位，再度弃炮进马占位入局。

▶ 例十六：弃车占位入局

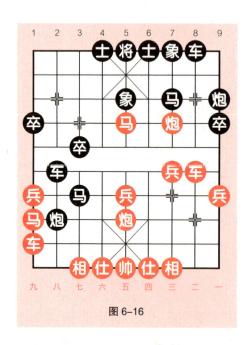

图 6-16

图 6-16　红先。形势分析：盘面黑方左右两翼协调性差。红方右翼车马和黑方呈对峙状态。红方左车支援右翼，可投入兵力为双车双炮马，攻黑方左翼。红方可采用弃子占位战术抢先入局。着法如下：

（1）马五进三！车 8 进 5
（2）车九平四　士 6 进 5

黑方如改走士 4 进 5，则红方炮三进三，象 5 退 7，车四进八，红胜。

（3）炮五进五！象 7 进 5
（4）炮三平五　车 8 退 5
（5）马三进二　炮 9 退 1
（6）车四进七　车 2 平 7
（7）车四平一　车 7 退 5

（8）马二退三

至此红方续有马三退四捉中象的手段，红方胜定。

▶ 例十七：弃马腾挪入局

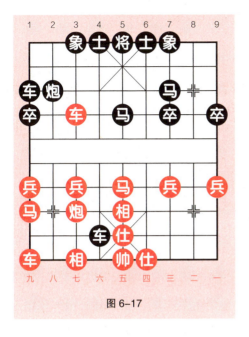

图 6-17

图 6-17　黑先。本局选自《梅花谱》中卷。形势分析：盘面黑方 4 路车占据攻防要点，压住相腰。红方中路弱点严重，左翼车马尚难开动。黑方可从中路展开攻势，用弃子腾挪战术入局。着法如下：

（1）……　　炮 2 平 5
（2）马五进四　炮 5 进 5
（3）仕五进四　马 5 进 4！
黑方弃马，为退回中炮腾路。
（4）马四退六　炮 5 退 6
（5）车七进一　车 1 平 3
（6）炮七进五　车 4 退 3
（7）炮七退三　马 7 进 5
（8）后仕进五　马 5 进 6
（9）相七进五　马 6 进 8
（10）炮七进二　炮 5 进 5

至此黑方以下可卧槽马杀，红方无解。

▶ 例十八：弃炮腾挪入局

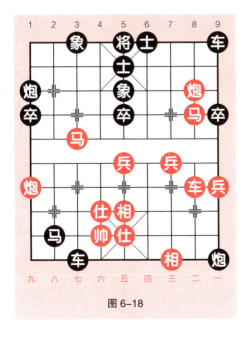

图 6-18

图 6-18　红先。形势分析：盘面黑方右翼车马有穿心车杀势，红方已难救援。红车双炮双马已成左右夹击之势，特别是双马雄视卧槽马和挂角马。红方可采用弃子腾挪战术入局制胜。着法如下：

（1）炮二进二！车 9 平 8
（2）马二进三　将 5 平 4
（3）车二平六　炮 1 平 4
（4）车六进四！

红方先弃炮腾挪助马卧槽，现弃车腾挪为边炮腾位。

（4）……　　士5进4　　　　　　（5）炮九平六　士4退5

（6）马七进六（红胜）

▶ 例十九：弃车腾挪入局

图6-19　红先。本局选自《适情雅趣》之兴戎出好。形势分析：盘面双方各攻一翼。红方右翼面临黑方双车错的绝杀，因此红方双车马炮配合中炮，采用弃子腾挪战术进击入局。着法如下：

（1）车六进一！将5平4

（2）车九平六　将4平5

黑方如改走炮2平4，则红方马九进八，将4平5，炮九进七，炮4退2，车六进四，红胜。

（3）车六进四！将5平4

至此红方弃车腾出炮进击之路。

（4）马九进八　将4平5

（5）炮九进七（红方闷杀胜）

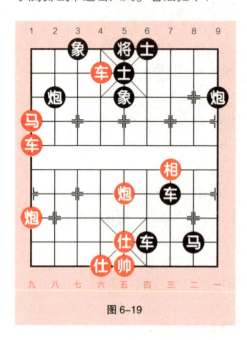

图6-19

第二节　弃子抢先

弃子抢先重点是把握好优势兵力的集结程度和兵力推进的速度。难点是形势判断的准确度和深度，把先手转化为优势的概率估算是重要课题。

▶ **例一：弃子抢先**

图 6-20　红先。形势分析：盘面是前中局阶段。战斗在红方左翼七路线。黑方弱点是肋车位置不好，中防薄弱，左翼兵力结构欠佳。红方可用弃子抢先战术，夺得先手优势。着法如下：

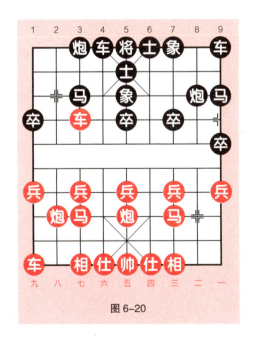

图 6-20

（1）车七进一！　炮8平3
（2）炮八进七

红方弃车后先进底炮牵制黑方车炮，再弃一马。

（2）……　　前炮进5
（3）车九进二　马9进8

红方进车捉炮再弃右马，此时黑方如前炮平7，则红方炮五进四，下一手车九平六天地炮杀，黑方无解。

（4）车九平七　马8进6
（5）车七平六　马6进5
（6）相七进五

至此红方沉底炮牵制死黑车并多一兵。红方优势。

▶ 例二：弃子抢先

图 6-21 红先。形势分析：盘面双方兵力相等。黑方双车双马兵力分散，中防薄弱。红方双车双炮集结中路，左右协调，红方可采用弃子抢先战术冲击中路夺得优势。着法如下：

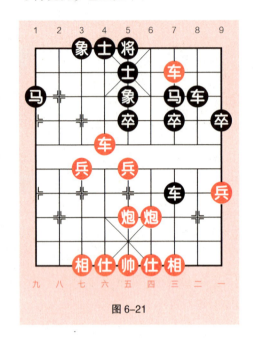

图 6-21

（1）炮四进五！

红方炮进士角弃炮打车，破坏黑方中路防御阵形。

（1）……　　士5进6

（2）炮五进四　　士4进5

黑方如改走士6退5，则红方车三进一，马7退6，车六平四，红方铁门栓胜。

（3）仕六进五　　马1退2

黑方如改走车7退2，则红方车六进二，马1进3，车六平七，将5平4，车七退一，车7平4，兵五进一，车4进2，兵七进一，红方大优。

（4）帅五平六　　马2进3

（5）车六进二　　车7退2　　（6）车六平七　　车7平4

（7）帅六平五　　将5平4　　（8）炮五平八　　车4平2

（9）车七退一　　卒7进1　　（10）车七平三

至此红方多兵，黑方兵力被禁控，7路马已难逃厄运，红方只需左炮摆脱牵制，即胜利在望。

▶ 例三：弃子抢先

图 6-22 红先。形势分析：盘面黑方虽残去红方一相，但弱点较多，兵力分散、协调性、联系性差，不能形成有效攻势，中路、底线防守薄弱。红方已形成天地炮棋形，车马配合双炮攻击力强大。红方利用弃子战术抢先夺优。着法如下：

（1）兵五进一！ 卒5进1

黑方如改走车6平5，则红方炮九退四，车5进1，马六进四，车5平6，马四进三，车6退4，炮9进4，将5平6，炮五进六，至此红炮破士，黑车必失，红方胜势。

（2）马六进七　象7进5
（3）马七进六！

红方连续弃兵、弃马，至此攻破黑方防守阵形。

（3）……　士5退4
（4）帅五平六　马1进3
（5）马九退七　马7退6
（6）车二进一！车8进8
（7）车六进六　将5进1
（8）车六平五　将5平6
（9）车五平四　将6平5
（10）车四退四

至此红方先弃后取，红方多子占优。

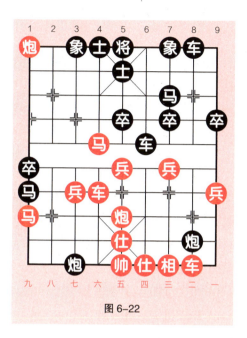

图 6-22

▶ 例四：弃子抢先

图 6-23　红先。形势分析：盘面双方战斗集中在黑方左翼。红方七路车马受威胁，红方利用黑方窝心炮的弱点，实施弃子战术抢先夺势。着法如下：

（1）车七进一！ 马2退1

黑方如改走车1平2，则红方车九平八，马2退1，马四进六，红方优势。

（2）车九平八！ 炮5平3
（3）车七平六　车4进2
（4）马四进六　前炮进5
（5）车八进七

至此红方弃掉七路马抢出左车，现进

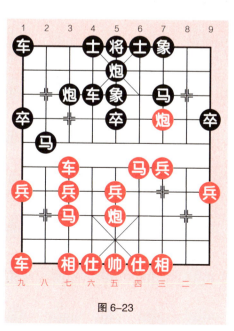

图 6-23

车挤马，禁控黑方车马，红方车双炮马对黑方中路形成强大攻势，黑方虽多一子，但子力涣散，攻防皆难有所为。

（5）……　　士4进5　　　　（6）马六进五　象7进5
（7）车八平五　后炮进2　　　（8）炮三退一　车1平2
（9）炮五平二　将5平4　　　（10）车五平三　车2进8
（11）车三平九

至此红方利用攻杀得回失子，并破掉黑方双象，成车双炮五兵仕相全对车双炮双士三卒，黑方缺双象，红方已是胜券在握。

▶ **例五：弃子抢先**

图6-24　红先。形势分析：盘面黑方已失一马，现红方中路承受强大压力，面临失子。从全局看黑方后方双车和前方双炮配合战术选择不多，红方双车双马炮集结反弹力很强。红方可采用弃子战术抢先。着法如下：

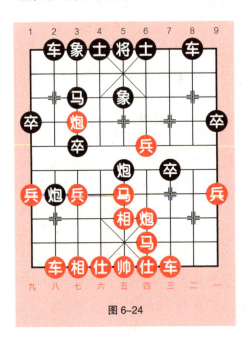

图6-24

（1）车八进三！　车2进6
（2）马四进六　　车2退1
（3）车三进四　　车8进6
（4）马六进五　　车8平5
（5）兵七进一

至此红方挺兵解除牵制，红方以车双炮马四兵对黑方双车马三卒已明显占优势，且有运炮右移袭击黑方空虚左翼的抢先手段。

（5）……　　车5平6
（6）炮七平二　车6平8
（7）马五进六　车2退4

至此红方右翼展开攻势迫黑方节节后退，已胜利在望。

▶ 例六：弃子抢先

图 6-25 红先。形势分析：红方多一子，红方弱点是马归窝心，兵行线被封锁，河沿车马受牵制；黑方弱点是右翼车炮被牵，底线空虚。红方可采取弃子战术，集结优势兵力攻黑方右翼抢先夺势。着法如下：

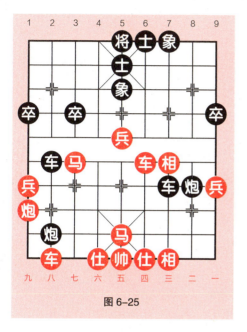

图 6-25

（1）马七进六！　车 2 平 6
（2）马六进七　　将 5 平 4
（3）车八进一　　车 6 平 4
（4）马五进七

解杀还攻，精警之着，既摆脱窝心马弱点又捉车，同时还护住边兵为炮边线出击创造条件。

（4）……　　　　车 7 平 3
（5）车八进八　　象 5 退 3
（6）车八平七　　将 4 进 1
（7）前马退九　　车 3 进 1
（8）马九退七　　车 3 退 4
（9）车七退三

至此红方优势明显。

▶ 例七：弃子抢先

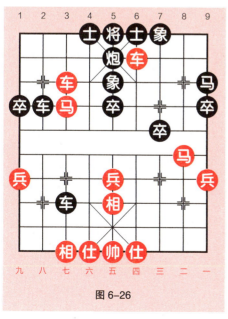

图 6-26

图 6-26 红先。形势分析：盘面黑方右翼双车抢夺红马。黑方弱点是窝心炮，红方右翼车马配合可制造杀势，同时左车可破中象，红方双车马配合可弃左马全力攻击黑将抢先。着法如下：

（1）马二进四！　车 2 平 3
（2）马四进三　　马 9 退 7
（3）车七平五　　后车退 1

黑方如改走卒 5 进 1，则红方车四平三，后车平 6，车三进一　至此红方破双象，黑方车炮被牵，红方优势。

（4）仕四进五　后车平5　　　（5）帅五平四　车5平6
（6）车四退一　炮5平6　　　（7）车四进一　士4进5
（8）车四平三

至此红方多子，后续可保一兵过河，已成胜势。

第七章 顿挫战术

顿挫战术是指在具体的对局中,紧握先手运动兵力,采用攻杀手段迫使对方按己方的设想行棋,就范于己方的行棋步调,既破坏对方的攻防结构,又为己方的进攻部署赢得时间和速度。

顿挫战术是常用的、重要的运子战术,是象棋艺术宝库的一朵奇葩。它的作用一是在攻敌必救的过程中削弱或破坏对方的阵形结构,二是紧握先手,在攻杀过程中调整和完善己方的攻防态势。

顿挫的方式方法有三种:一是利用将军顿挫;二是利用战术顿挫;三是利用杀法顿挫。

顿挫战术的重点在利用战术和杀法,难点是技战术杀法的组合应用。

第一节　顿挫得子

> 顿挫得子就是利用顿挫手段，制造对方阵形弱点、兵力结构缺陷，形成己方展开战术进攻消灭对方兵力的局面。

▶ 例一：顿挫得子

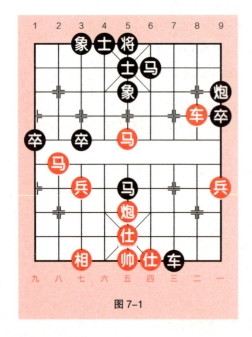

图7-1

图7-1　红先。形势分析：盘面红方中路炮马和右车配置协调。黑方双马位置不佳，灵活性、联系性均差，7路车难以发挥有效性。红方借中炮发动进攻，用顿挫战术抢先得子。着法如下：

（1）车二进二！　马6进7

（2）车二进一！　士5退6

红方运车逐马顿挫，迫黑方阵形出现漏洞。

（3）马五进四　马7退6

（4）车二退六　车7退7

（5）马四退五

至此黑方中马必失，红方得子占胜势。

▶ 例二：顿挫得子

图7-2　红先。形势分析：盘面双方战斗在黑方右翼。黑方弱点是3路马灵活性、联系性均差，左车处于低位难以快速增援右翼。红方可车双炮马联动以顿挫战术冲击黑方3线马象，从而抢先得子。着法如下：

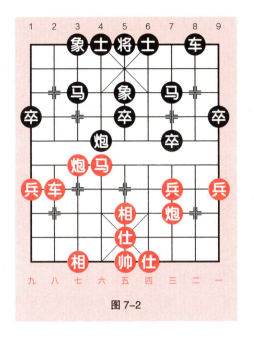

图 7-2

（1）车八进四！ 马7退5
（2）车八进一！ 车8进3
（3）车八平六

红方运车顿挫捉马，现抢先占肋线催杀闷宫。

（3）……　　象3进1
（4）相五退三！

红方退相腾挪，助右炮参战。

（4）……　　卒5进1
（5）炮三平五　车8平3
（6）相七进九　车3平2
（7）炮五进五　马5进7
（8）车六退一　车2进6
（9）炮七退四　炮4平1

（10）炮五平七

至此红方得子，续有车六平五，士6进5，马六退七的连续进攻手段，红方胜势。

▶ 例三：顿挫得子

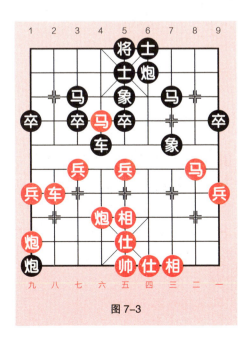

图 7-3

图 7-3　红先。形势分析：盘面双方兵力相等，战斗集中在黑方右翼。肋道车马是双方攻防的焦点。黑方弱点是底炮孤军深入，河沿车回施余地小。红方在左翼集中车双炮马，右河沿马也可起阻击作用。红方可采用组合战术抢先，以顿挫战术得子。着法如下：

（1）兵七进一！ 车4平3
（2）马六退七　 象7退9
（3）兵五进一！ 卒5进1

红方弃双兵形成围捉黑车的态势。

（4）炮九平七！ 车3平4
（5）炮七平六！ 车4平3

（6）前炮平七！ 车3平4

至此红方运双炮顿挫捉死黑车。

例四：顿挫得子

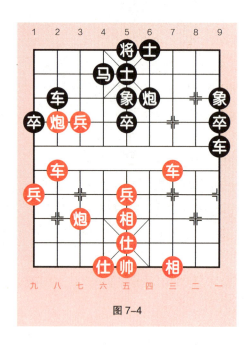

图 7-4

（7）仕五进六

图 7-4 红先。形势分析：盘面双方兵力相等，战斗集中在黑方右翼。红方集中双车双炮兵攻黑方右翼，占绝对优势兵力，红方过河兵降住车马。红方采用组合战术进攻，凭借顿挫战术得子。着法如下：

（1）车三平七 炮6进1
（2）兵七平六！ 士5退4

红方妙手腾挪，黑方如改走炮6平4吃兵，则红方车七进四捉死黑马。

（3）车七进四 士6进5
（4）车七平六 车9平3
（5）相五进七 车3平4
（6）炮八平七！ 车2平3
（7）前炮平五！

至此红方运炮顿挫借杀捉车，以下伏大胆穿心杀法，黑方3路车必失，红方胜定。

例五：顿挫得子

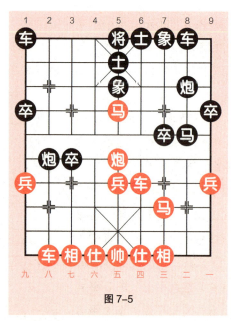

图 7-5

图 7-5 红先。形势分析：双方战斗集中在中心区域。黑方弱点是双车在低位，有效性差，中路防守力量薄弱。红方中路车马炮和左车配合，实施组合战术冲击中路，以顿挫战术破坏对方阵形得子。着法如下：

（1）炮五进一 炮8平7

（2）车四进五！　车1进2

红方弃马，车压象腰是精警之着，黑方如改走炮7进5，则红方炮五进二，士5进4，车八进二，黑方阵形崩溃。

（3）车四退四！

此着为红方精妙的顿挫战术，红方诱起黑方右车后，使其暴露底线弱点，回河沿弃车捉卒顿挫，显示了精湛的运子技巧。

（3）……　炮2平6　　　　（4）车八进九　士5退4

（5）马五进三　象5退3　　　（6）前马进二　马8进7

（7）车八退三　炮6平7　　　（8）马三退一（红方得子胜势）

▶ 例六：顿挫得子

图 7-6　黑先。形势分析：盘面红方弱点严重，帅不安于位，车马炮三子兵力分散，难以组织有效的攻防。黑方车马炮左右配合，既有中路突防，又有两翼夹击。黑方可用顿挫战术扩大优势得子，锁定胜局。着法如下：

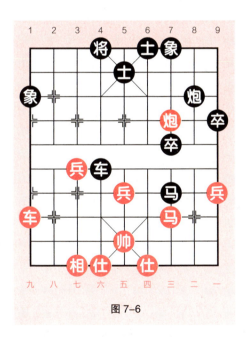

图 7-6

（1）……　车4进3！

（2）帅五退一　车4进1！

（3）帅五进一　车4退1！

（4）帅五退一　炮8平5

（5）炮三平五　车4退5！

黑方必要的过门之着。

（6）炮五退一　马7进9

（7）车九退一　马9进7！

（8）帅五进一

红方如改走车九平三，则黑方车4进6，帅五进一，车4退1，帅五退一，车4平7，黑方抽车胜。

（8）……　炮5平8

（9）马三进二　卒7进1

至此黑方必得马锁定胜局。

第二节　顿挫入局

顿挫入局就是在攻杀过程中利用顿挫战术加快进攻速度抢先推动杀势，构成杀形，继而与其他战术和杀法组合应用造成入局。

▶ 例一：顿挫入局

图 7-7　红先。本局选自《适情雅趣》之姜公钓渭，属连杀局。形势分析：红方车马炮兵四子左右夹击。红方可用战术组合进攻，以顿挫战术入局取胜。着法如下：

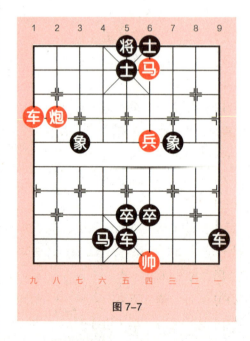

图 7-7

（1）车九进三

红方正着！如误走炮八平五，则黑方士5退4，马四退六，将5进1，马六退四，将5平6，马四进二，将6平5，以下红方无杀着。

（1）……　　士5退4
（2）炮八进三！　士4进5

黑方如改走将5进1，则红方车九退一，将5进1，马四退三，将5平4，马三退五，将4平5，马五进七，将5平6，兵四进一，红方运马顿挫调位。至此形成闷杀。

（3）炮八退二！　士5退4
（4）马四退六　　将5进1
（5）车九退一

至此红方运炮顿挫调位后成闷杀。

▶ 例二：顿挫入局

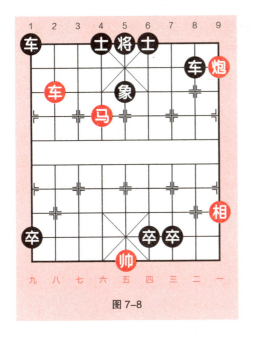

图 7-8

图 7-8　红先。本局选自《适情雅趣》之阻住行程，属宽步胜局。形势分析：盘面黑方左车要杀。红方车马炮三子可利用黑方中路弱点，实施组合战术，以弃子扭转局势，用顿挫战术入局。着法如下：

（1）马六进七！　车 8 平 3

（2）车八平五　士 6 进 5

（3）炮一平七　卒 1 平 2

黑方无奈之着。黑方车和前方双卒被禁困，士将被牵制，只好动边卒。

（4）车五平九！　车 1 平 2

红方借闷宫杀捉车，令黑方车平 2 路仍是被卒阻住行程，体现题意。

（5）车九平二！　将 5 平 6　　（6）车二进二（红胜）

此局红方运车借闷宫杀顿挫抢得一先，造成闷杀胜。

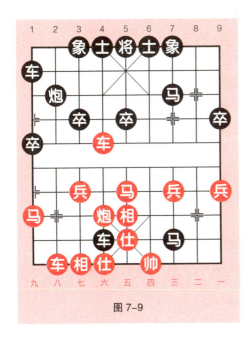

图 7-9

▶ 例三：顿挫入局

图 7-9　黑先。本局选自《橘中秘》饶先类。形势分析：盘面红方多一子，但红方弱点严重，右翼防守空虚，黑方卧槽马控制红帅，双车均已出动。黑方可借马使车炮，运用顿挫战术突破红方防线入局制胜。着法如下：

（1）……　　车 1 平 6！

（2）仕五进四　车 4 进 1！

（3）帅四进一　车 4 退 1！

（4）帅四退一　前马退 5

（5）帅四平五　车 6 平 8！

（6）马五退三　车4进1！　　（7）帅五进一　车8进7
（8）帅五进一　炮2平5

至此黑方双车轮番顿挫，边车借将破防调位，肋车残仕顿挫助马进攻，最后造成闷杀。本局是双车配合的顿挫典型，实用价值高。

▶ 例四：顿挫入局

图7-10 黑先。本局选自《橘中秘》饶先类。形势分析：盘面红方多一子两兵。红方弱点是兵力不协调，左翼车马于攻防无补，右翼空虚。黑方以中炮为核心，双车双炮均已动员，可以强烈冲击红方中路及右翼，用顿挫战术造成入局机会。着法如下：

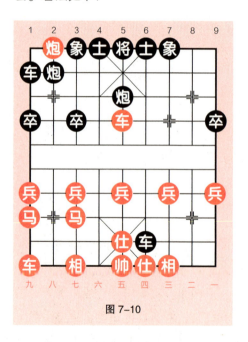

图7-10

（1）……　炮2平7！
（2）相三进一　炮7平8！

黑方借杀破红方阵形，同时抢先调炮位，顿挫战术实用。

（3）相七进五

红方错着！应车五平二不致速败。

（3）……　炮8平5！
（4）车五平六　前炮进5
（5）帅五平六　后炮平4
（6）车六平七　车1进1
（7）车七进三　车1平4
（8）仕五进六　车4进5
（9）帅六平五　车4进1（黑胜）

▶ 例五：顿挫入局

图7-11 红先。形势分析：盘面双方战斗集中在中路。黑方弱点是左翼空虚，车马炮协同攻防动能不强。红方车马炮兵四子联攻，形成有机作战整体，红方可用顿挫战术突破中防入局。着法如下：

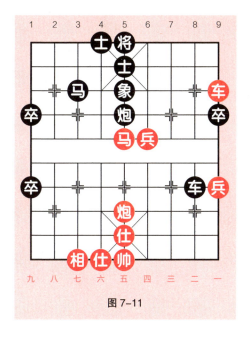

图 7-11

（1）车一进二！ 士5退6
（2）炮五进四 马3进5
（3）车一退三！

红方运车先将军是重要的次序，兑炮后再回车捉马是典型的顿挫手段。

（3）…… 马5退7
（4）车一平三 车8退4
（5）马五进六 将5进1
（6）兵四进一 将5平4
（7）马六退五！ 士4进5
（8）马五进七！ 将4退1
（9）马七进五！ 马7退8
（10）兵四进一！ 将4进1
（11）车三平六 士5进4
（12）车六进一 将4平5

（误，应为（13）车六进一 将4平5）

（12）马五进四 将4退1
（14）车六平五 将5平4

（13）车六进一 将4平5
（15）仕五退四（红胜）

▶ 例六：顿挫入局

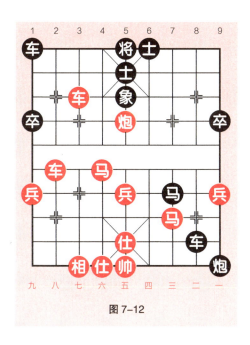

图 7-12

图 7-12 黑先。形势分析：盘面双方各攻一翼。红方弱点是右翼只有一马支撑防务，左翼兵力难以驰援。黑方右翼弱点是单车守住底线，兵力薄弱，红方双车马炮攻势强烈，但难以有迅速入局的手段。黑方可借先行之利，利用顿挫战术抢先入局。着法如下：

（1）…… 车8进1！
（2）仕五退四 车8退2！
（3）仕四进五 马7进9
（4）车七平八 车1平3
（5）前车进二 将5平4
（6）马六进七 车8进2！

（7）仕五退四　车8退3！　　　　（8）帅五进一

红方如改走马三退二，则黑方车8平5，仕六进五，马9进7，黑胜。

（8）……　车8进2　　　　　　（9）帅五进一　马9退7

（10）帅五平四　炮9退2　　　　（11）马三退二　车8退1

（12）马二进三　车8平7　　　　（13）帅四退一　车7进1

（14）帅四进一　车7平6（黑胜）

第三节　顿挫抢先

> 顿挫抢先就是利用顿挫战术紧握先手，在攻杀过程中使双方的攻防态势更利于己方扩大攻击范围和选择攻击目标。

▶ 例一：顿挫抢先

图 7-13　红先。形势分析：盘面上双方的战斗在黑方区域进行。战况较为复杂，现黑方炮马分捉红方炮马两子。黑方弱点是右翼空虚，左翼车双马兵力拥塞。红方有沉底炮攻势，可选择的战术手段较多，现红方用组合战术进攻，以顿挫战术抢先。着法如下：

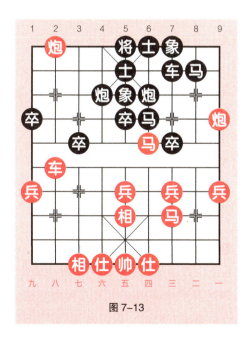

图 7-13

（1）炮一平五　炮6进2
（2）炮八退一　车7进1
（3）炮八平六！

红方不急于得回失子而是顿挫叫杀，是抢先关键。

（3）……　将5平4
（4）炮六平二　象5退3
（5）车八平四　炮4平6
（6）炮二平四　马6退8
（7）车四进一　车7进1
（8）车四平七　马8退6
（9）车七进四　将4进1
（10）炮五退一

至此红方利用顿挫抢先，已形成盘面优势。

▶ **例二：顿挫抢先**

图 7-14　红先。形势分析：盘面黑方多一子，缺双象。红方阵形结构完整，右翼车炮可冲击黑方底线。红方用组合战术，组织后方马炮进攻，再用顿挫战术得回失子抢先。着法如下：

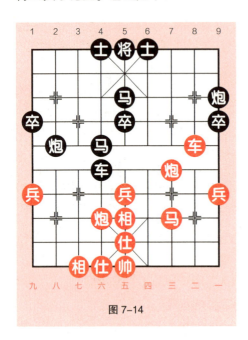

图 7-14

（1）炮三进五　士6进5
（2）车二进四　车4平2

黑方平车防止红方双抽，即炮三平六抽车和炮三退四抽炮。

（3）炮六平七　士5进6
（4）炮七进七　士4进5
（5）炮三退五！士5退6
（6）炮七退五！车2进4
（7）炮三进五！士6进5
（8）炮三退一！士5退6

红方双炮左右夹击连续顿挫，迫黑车位置变坏。赢得主动权。

（9）炮三平一　炮9平7
（10）炮一进一　马4进3
（11）车二平三　炮7平8
（12）炮一平二　炮8进5
（13）马三进四　炮2进3
（14）马四进六（红方捉双优势）

▶ **例三：顿挫抢先**

图 7-15　红先。形势分析：盘面双方战斗集中在中心区域，红方已集中双车双马炮绝对优势兵力，而黑方兵力分散，两翼、中路防守薄弱，且右车未动。红方可用顿挫战术冲击中路，抢先破城占优。着法如下：

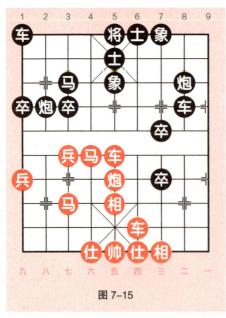

图 7-15

（1）车四进七！　马3退4　　　（2）车五平四！　炮8退2
（3）前车平三！　象7进9　　　（4）车三退三！　马4进3
（5）车三平五！　象9退7　　　（6）车四进四！

红方连续运车顿挫，既残去黑卒，又为河沿马进击腾挪扫清障碍。至此黑方中路更加危险。

（6）……　炮2退2　　　（7）炮五进四　将5平4
（8）车五平六　炮2平4　　　（9）炮五退四　卒3进1
（10）车六进三！　将4进1　　　（11）炮五平六　马3进4
（12）马六进四　马4进6　　　（13）炮六退一

至此红马踩车并伏抽将，已占胜势。

▶ **例四：顿挫抢先**

图 7-16　红先。形势分析：盘面红方多一兵。红方弱点是边兵，中兵被捉，黑方右马也可出击。黑方弱点是右翼车马炮阵形结构稍差。红方可用顿挫战术迫黑方阵形变坏，先手扩大多兵优势。着法如下：

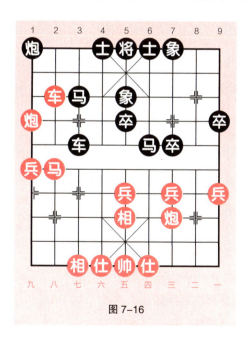

图 7-16

（1）炮九平七！　马3退5

红方平炮拦车捉马，又闪开边路免去兵被捉之忧。

（2）炮七平一！　马6进5

红方运炮顿挫先手谋卒，造成黑方中路左翼弱点。

（3）炮三退一　前马进3
（4）炮一退一！　卒7进1

红方退炮逐车是重要的次序。

（5）马八退七　车3平9

黑方如改走车3进3，则红方兵三进一去卒，红方净多双兵。黑方窝心马受困，全局受制。

（6）兵三进一　车9进2
（7）马七进六　马5退3　　　（8）车八平七　士6进5
（9）炮三进八　马3进4　　　（10）炮三退二（红优）

例五：顿挫抢先

图 7-17 红先。形势分析：盘面双方兵力相等。黑方弱点是右翼空虚，左翼车马炮三子松散。红方车马炮三子已成左右夹击之势，红马进击路线通畅，红方可利用组合战术进攻，以顿挫战术破城抢先。着法如下：

（1）车六退二　马7退6
（2）马八进九　车6进3
（3）马九进七！将5平6
（4）马七退五！将6平5
（5）马五进七！将5平6

红方借闷杀顿挫谋象是实战中常用手段。

（6）车六退一　士5进6
（7）车六平三　马6进4
（8）车三进四　将6进1
（9）车三平六

至此红方利用顿挫谋象后，又残去黑方士象，红方已占胜势。

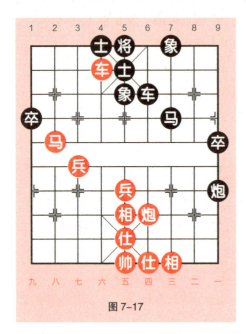

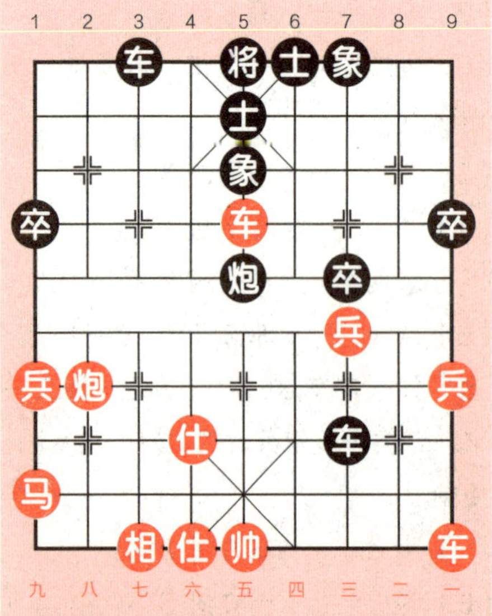

图 7-17

图 7-18

例六：顿挫抢先

图 7-18 黑先。形势分析：盘面红方多一子，并且车捉中炮，红方弱点是中路门户洞开，左右两翼车马炮兵力散乱于攻防无补。黑方空头炮和双车配合可抢先用组合战术杀法进攻，以顿挫战术抢先夺势。着法如下：

（1）……　　车7平5！
（2）帅五平四　车3进6！
（3）车一进一　车5平6！
（4）帅四平五

红方如改走车一平四，则黑方车6平

4，仕六进五，车4平7，黑方胜势。

（4）……　　车3平5！　　　　（5）仕六进五　车6平7！
（6）车一平四　车7进2！　　　（7）车四退一　车7退1！
（8）车五退一　车5退2

至此黑方连续运车顿挫要杀得回一子，盘面已然大优。

第八章

腾挪战术

腾挪是指在具体的对局中利用攻杀手段，使己方较为拥塞或分散的兵力得到有效的展开或有针对性的集中，组成有强大打击力量的战术。

腾挪战术是常用的重要的运子战术。它的作用，一是在攻对方必救的过程中畅通己方主要兵力的进攻道路；二是实施对对方的双重打击或威胁；三是运动兵力转换攻击目标和攻击方向。

腾挪战术的方式和方法主要有三种，一是弃子腾挪，主要是以入局为目标；二是双重打击，主要是扩大战术应用，突出重点，制造多个攻击点；三是运子腾挪，主要是转换攻击方向和目标，以夺取全局优势。

腾挪战术以双重打击应用最广泛，是重点，以弃子腾挪最严厉，以运子腾挪战术价值最高，是技术难点。

第一节 腾挪得子

利用腾挪手段，制造对方弱点，展开己方兵力，造成得子局面。一般是运用双重打击和运子腾挪，并且和其他战术组合应用。

▶ 例一：腾挪得子

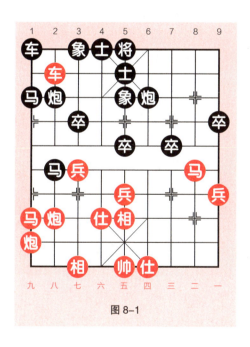

图 8-1

图 8-1 红先。形势分析：盘面双方战斗集中在黑方右翼。边路红方炮马牵制黑方车马，2 路双方兑炮。黑方谋划围捉红车。红方利用先行之利，佯顺敌意，实施组合战术进攻，以腾挪战术得子。着法如下：

（1）炮八进五　炮 6 退 1

（2）马九进八！

红方先手得马腾挪捉车。

（2）……　马 1 进 2

（3）炮八平九！

红方弃炮腾挪，佳着。由此红方得子。

（3）……　炮 6 平 2

（4）后炮进八　炮 2 进 4

（5）后炮退三（红方得子胜势）

▶ 例二：腾挪得子

图 8-2 黑先。本局选自《梅花谱》。形势分析：盘面黑方缺象，多一过河卒，双方各攻一翼，黑方集中双车炮马卒战术配合较多。红方双车炮配合战术选择有

限。黑方可借先行之利，以腾挪战术衔接攻防得子。着法如下：

（1）……　卒7进1

（2）炮八进七　象5退3

（3）车七进三　将5进1

（4）马九进七

红方无奈之着。红方双车炮难以做杀，又无法驰援右翼，只好启动边马。

（4）……　将5平6！

（5）仕六进五

红方如改走仕四进五，则黑方车8进9后成双车错。

（5）……　马7退5

至此黑马腾挪捉车叫杀，红方只能炮八退一，马5退3，炮八平三，士6进5，黑方得车，局面胜势。

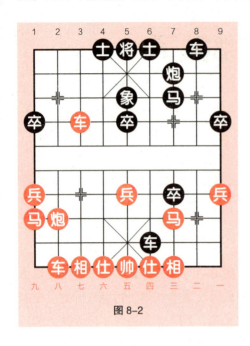

图 8-2

▶ 例三：腾挪得子

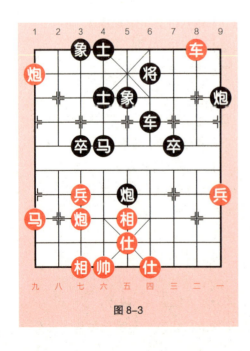

图 8-3

图 8-3　红先。形势分析：盘面双方兵力相等。黑方弱点是将不安于位，士象防御阵形散乱。红方车双炮已成左右夹攻之势。红方可借此机会实施腾挪战术得子。着法如下：

（1）炮九平六　马4进6

黑方如改走车6进1，则红方炮七平八，成二路夹车炮。

（2）车二退一　将6退1

（3）车二退一　炮9进2

黑方如改走炮9进1，则红方相五退三腾挪，伏炮七平四，黑方难以应对。

（4）兵一进一　炮9平8

（5）相五进三！

红方妙手！腾挪兼拦。

（5）……　卒7进1

黑方无奈之着。黑方如改走炮8退1，则红方炮七平四，炮5平6，炮四进二，车6进2，车二退一，红方仍得子。

（6）车二退二　将6平5　　　　（7）马九进八（红方得子优势）

▶ 例四：腾挪得子

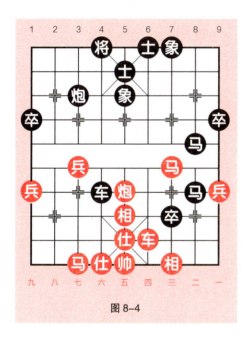

图8-4

图 8-4　黑先。形势分析：盘面双方兵力相等。黑方7卒深入红方腹地是协调车双马炮进攻的基石。红方车双马炮兵力较为分散，左马于攻防无补。黑方可利用卧槽马展开攻势，以腾挪战术得子。着法如下：

（1）……　前马进7

（2）帅五平四　象5进7！

腾挪的好手，既阻挡红马进二扑卧槽，又为右炮平肋腾路。

（3）马七进八　车4退1

（4）车四进五　炮3平6

（5）炮五平四　前象退9！

黑方妙着！再次动象腾挪用马捉车。

（6）车四退一　车4退1　　　　（7）马三进二　车4平6

（8）马二退四　炮6进4

至此黑方得炮，并且伏卒7平6杀。黑方已占优势。

▶ 例五：腾挪得子

图 8-5　红先。形势分析：盘面双方兵力相等。黑方弱点是右车晚出，左翼马炮象阵形不整，黑炮进退失据。红方车双炮马阵形结构富于弹性，车位甚佳。红方可用组合战术进攻以腾挪战术得子。着法如下：

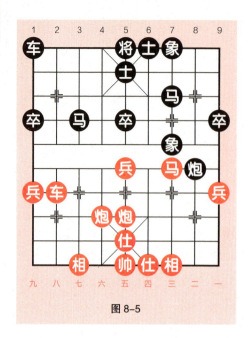

图 8-5

（1）车八平七　马3进4
（2）炮五平三！　象7进5

黑方如改走炮8平5，则红方车七平五得子。

（3）车七平二　炮8退1
（4）炮三退一！

红方两次运炮腾挪，为肋炮平三强攻黑方7路腾位。

（4）……　车1平3
（5）炮六平三　车3进9
（6）仕五退六　炮8退4
（7）马三退四　马7进6
（8）车二进六（红方得炮占优）

▶ 例六：腾挪得子

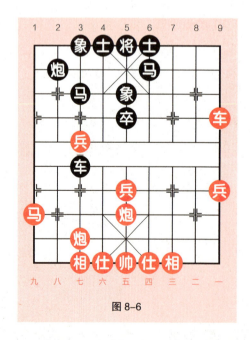

图 8-6

图 8-6　红先。形势分析：盘面红方多两兵。双方攻防焦点在红方七路线，红方七炮暂牵黑车，总体看红方占主动，现红方借先行之利，声东击西，以腾挪战术得子先手转为优势。着法如下：

（1）车一平四　士6进5
（2）炮五平四　马6进8
（3）车四平二　马8退6
（4）车二退四！

至此红方借驱逐黑方左肋马，回车助炮攻黑方3路车。

（4）……　车3进2
（5）相三进五！　车3退3
（6）相五进七！

红方飞相两次逐车，妙极，现弃相逐车为四路炮左移腾路是得子关键。

（6）……　车3平5

黑方如改走车 3 进 1，则红方炮四平七打死车。

（7）炮七进六（红方得马）

▶ 例七：腾挪得子

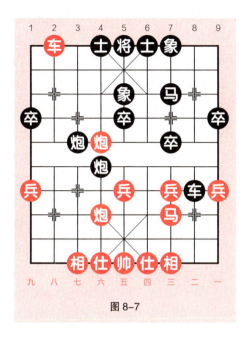

图 8-7

图 8-7 红先。形势分析：盘面双方兵力相等。在左边红方车双炮配合有攻势，攻防要点在六路肋道。红方可先用战术扩先，再用攻杀腾挪得子。着法如下：

（1）前炮进二　马 7 进 6

（2）前炮平九

红方平边炮抢先腾挪，送沉底炮确立优势。

（2）……　炮 3 退 4

（3）车八退四　马 6 进 7

（4）相七进五　炮 4 退 4

（5）车八进三　炮 4 进 5

（6）炮九进二　士 6 进 5

（7）车八退二　卒 5 进 1

（9）车六平七！

（10）炮六平七　炮 3 平 2

（8）车八平六　炮 4 平 2

挪车瞄底，为六路炮进炮塞象眼腾路。

（9）……　炮 2 平 4

（11）车七平二！

至此红车攻杀腾挪，红方必得车。

▶ 例八：腾挪得子

图 8-8 红先。形势分析：盘面双方战斗在左边，攻防目标是黑方 3 路底象。红方可以杀法开道，以攻杀腾挪战术跟进得子。着法如下：

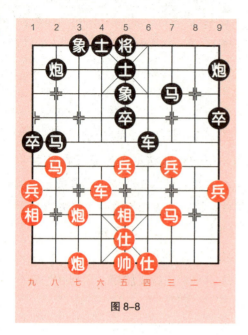

图 8-8

（1）车六进五　将5平6
（2）后炮进九　将6进1
（3）车六平八　象5退3
（4）相五进七！

重要的攻杀手段，红炮既打底象又有平四叫将的严厉着法。

（4）……　将6退1
（5）炮七进七　将6进1
（6）马八退七　马2退4
（7）车八退五　炮9平7
（8）车八平六　马4退3
（9）马三退一

红方退马腾挪，准备左车右移。

（9）……　车6进1
（11）车六平三　炮7进1
（13）马七进五　炮7退2

（10）兵三进一　炮7进3
（12）兵五进一　马3进5
（14）马五进四

至此红方可再得一子，胜势。

第二节　腾挪入局

> 腾挪入局一般采用弃子腾挪较多，主要是弃子腾挪和杀法组合应用。特点是根据实战形成的杀形，先手调整己方兵力部署，以适应杀法进攻的要求，使攻杀子力得到充分的发挥。

▶ 例一：腾挪入局

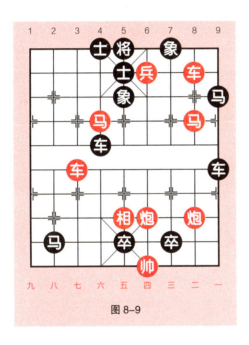

图 8-9

图 8-9　红先。本局选自《适情雅趣》之计罗并照，属连杀局。形势分析：盘面红方双车双马双炮兵以绝对优势兵力冲击黑方将门。可用典型的弃子腾挪战术入局成杀。着法如下：

（1）兵四进一！　将5平6

（2）车二平四　将6平5

黑方如改走将6进1，则红方车七平四，士5进6，车四进三，红方立马车胜。

（3）车四进一！　将5平6

（4）车七平四　将6平5

（5）马二进三！　马9退7

至此红方弃兵、弃车、弃马三次腾挪，为以下车双炮马入局敲开胜利之门。

（6）炮二进七　象7进9　　　（7）车四进五　将5平6

（8）马六进四　车4平6　　　（9）马四进三（红方双将胜）

▶ 例二：腾挪入局

图 8-10 红先。本局选自《适情雅趣》之过眼成虚，属宽步胜局。形势分析：盘面黑方双车炮攻红方右翼是宽步胜的形势。红方双车炮马成左右夹击之势。红方可利用弃子腾挪战术抢先一步成杀。着法如下：

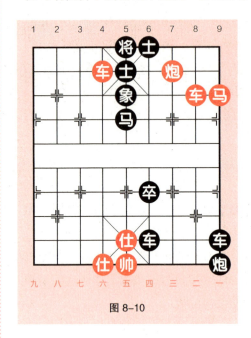

图 8-10

（1）炮三进一！

红方弃炮有双重作用，一是为将来马卧槽腾位；二是引离黑象为右车左移做杀创造机会。

（1）……　　象 5 退 7
（2）车二平七！

红方再次弃车腾挪，造成左右夹双叫杀的形势。

（2）……　　士 5 退 4

黑方如改走马 5 退 4，则红方马一进三，将 5 平 4，车七进二，红胜；又如黑方改走炮 9 平 4，则红方马一进三，马 5 退 6，帅五平六，车 9 进 1，帅六进一，士 5 退 4，车七平五，士 6 进 5，车六进一，红胜。

（3）马一进三　　马 5 退 6
（4）车六平四　　车 9 平 7
（5）车四平五！将 5 进 1
（6）车七进一（红胜）

本局红方弃炮腾位并引离黑象；再弃车腾位并双要杀；最后弃车腾位引离黑将形成卧槽马杀，是典型的弃子腾挪战术，是练习基本功的经典之例。此类战术在《适情雅趣》的实战杀局中比比皆是。

▶ 例三：腾挪入局

图 8-11 红先。形势分析：盘面双方战斗攻防在黑方左翼。黑方弱点是将暴露在 6 路肋道，且左翼空虚。红方弱点是马塞窝心，四路肋道将受黑方双车冲击。红方可根据预设杀势，实施弃子腾挪入局。着法如下：

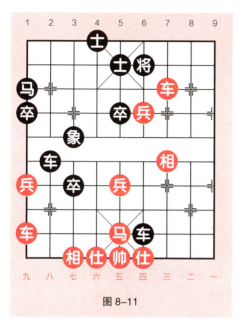

图 8-11

（1）马五进四！　车6平1

红方跃出窝心马弃子腾挪。黑方如改走车6退2吃马，则红方车九平二后成双车错杀。

（2）车三进一　将6退1
（3）车三进一　将6进1
（4）马四进二　车2平7
（5）车三退五　象3退5
（6）车三进五　士5进4
（7）车三退一　将6退1
（8）兵四进一　车1平6
（9）兵四进一　车6退7
（10）车三进一（红胜）

▶ 例四：腾挪入局

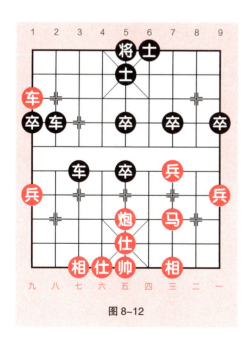

图 8-12

图 8-12　红先。形势分析：盘面双方兵力对比，黑方多两卒，缺双象，双车的兵力配置有效性差；红方车马炮配置可形成左右夹击，针对黑方缺双象的弱点，可充分发挥炮的威力。红方以腾挪战术展开攻击。着法如下：

（1）马三进二！　前卒进1

黑方如改走将5平4，则红方车九进二，将4进1，车九退一，将4退1，炮五平三，以下红方可成左右夹击之势。

（2）炮五平二　车3平7
（3）马二进一　士5进6
（4）炮二进七　士6进5
（5）马一进二　车7平4
（6）车九进二　士5退4
（7）马二退四　将5进1
（8）马四进三　将5进1
（9）炮二退二　士4进5

（10）车九平五　车2退2　　　（11）炮二进一　车2进1

（12）车五退一　将5平4　　　（13）炮二退一（红胜）

▶ **例五：腾挪入局**

图 8-13　红先。形势分析：盘面黑方双车在低位，双马灵活性差，炮孤军深入，整体看中路弱点严重，阵形结构萎缩；红方双车双马兵冲击力强。红方以中路攻势为目标，采用组合战术逐子争先，腾挪入局。着法如下：

（1）车八进三　炮3平9

（2）车八进四　马3进5

（3）马五进三　炮9退1

（4）后马进五　马5退4

（5）车八退三　炮9进1

（6）车八退一　炮9退2

至此红方运车马一系列逐子争先，兵力攻击部署到位。

（7）马三退一　卒9进1

（8）相五退三！

红方精妙之着，腾挪既亮帅伏挂角，又为边炮平中腾位。

（8）……　卒1进1

（9）马五进四　车7平6

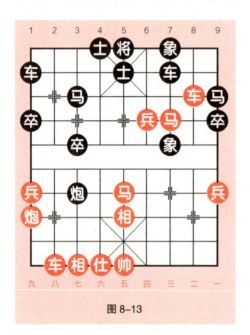

图 8-13

（10）车二平三

至此黑方必弃车走车6进1，红方兵四进一，象7进5，兵四进一，红胜。

▶ **例六：腾挪入局**

图 8-14　红先。形势分析：盘面红方多子多兵，弱点是黑方车卒围攻红帅。当前红方要化解黑车卒攻势。黑方的弱点是后马难以出击，前后脱节，车卒难以形成有效攻击。红方利用腾挪战术稳定后防，再进攻入局。着法如下：

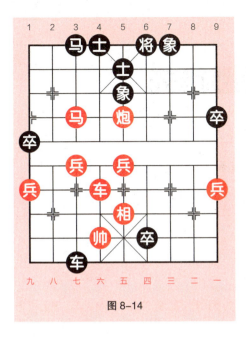

图8-14

（1）相五进三！

红方飞相腾挪，用中炮护住花心，一举解除危机。

（1）……　车3退1
（2）帅六进一　车3退3
（3）马七退五　车3进2
（4）帅六退一　马3进4
（5）马五进三　车3平6
（6）马三进二　将6进1
（7）相三退五！

红方妙手！退相腾挪，为车六平三实施穿心车腾路。

（7）……　车6退3
（8）炮五平六　马4进2
（10）车六平四　士5进6
（12）炮六平五　象5进3
（14）车四进一　将5退1
（16）车四平五　将5平6
（18）车五平四（红胜）

（9）兵五进一　车6平8
（11）车四进四　将6平5
（13）马二退三　马2进4
（15）马三进五　士4进5
（17）车五进一　将6进1

第三节　腾挪抢先

> 腾挪抢先一般运用腾挪转换攻击目标和方向，能够使己方兵力的有效性、灵活性充分发挥，使己方阵形结构更富有弹性和活力。

▶ 例一：腾挪抢先

图 8-15 红先。形势分析：盘面双方兵力相等，局势似呈对峙状态，但红方双车位置较佳。黑方河沿车炮被牵，8路车和红方双炮呈反牵制状态。红方可用组合战术，弃兵反击，腾挪占先。着法如下：

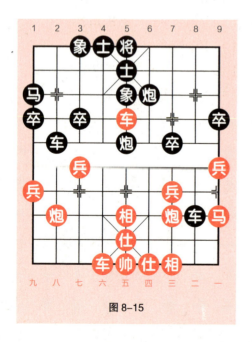

图 8-15

（1）兵七进一　车 2 平 3
（2）炮三进三！

红方为腾挪佳着，炮打双车，迫黑方兑子转换。

（2）……　车 3 进 3
（3）车五退一　车 3 平 2
（4）炮三退一　车 8 退 4
（5）炮三平五　将 5 平 6

黑方如改走车 2 退 6，则红方兵三进一，后续有渡河及进边马之势，黑方兵力被禁困，红优。

（6）车五平四　车 8 平 5
（7）炮五平四　将 6 平 5
（8）炮四进三　士 5 进 6
（9）车四进二（红方破士占优）

▶ 例二：腾挪抢先

图 8-16 红先。形势分析：盘面黑方多子并且边卒捉马。红方借卧槽马使用车双炮可抢先在主战场展开攻势，以杀法进攻，以腾挪战术抢先，夺得全局优势。着法如下：

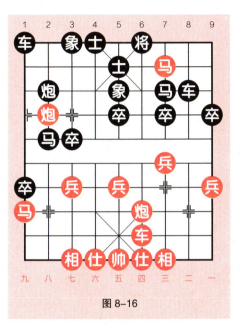

图 8-16

（1）炮八平三　将6进1

黑方如改走炮2退1，则红方炮四平八，士5进6，车四进六，炮2平6，炮八平四，红优。

（2）炮三平四　马7进6
（3）兵三进一　士5进4
（4）兵三平四　将6平5
（5）前炮平二！

红方为腾挪佳着！既腾出回马位置，又牵制黑车捉马，并伏炮四平二打死车。

（5）……　炮2退1
（6）炮四平二　炮2平7
（7）后炮进五　卒1进1
（8）车四平三　炮7平6
（9）车三进七

至此红方右翼攻势强烈。优势明显。

▶ 例三：腾挪抢先

图 8-17 红先。形势分析：盘面黑方1路边卒正捉红炮，黑方的弱点是缺象，左翼空虚。红方可借双马活跃之机，抢先攻杀腾挪，获得先手和优势。着法如下：

（1）马四进五！　车3退1

黑方如改走车4进1，则红方车三退一，象3进1，炮八进二，车3平7，马

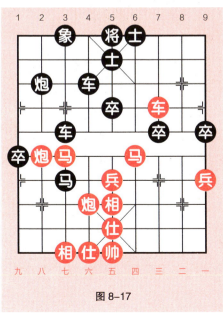

图 8-17

七进六后捉双,红方得子。

（2）马七进五！车4进2　　　（3）炮八平二

至此红方两次抢先运马腾挪,现左炮右移,已抢到局势主动权。

（3）……　炮2平8　　　　（4）炮二进一　象3进5
（5）炮六进二　象5退7　　　（6）炮六平四　将5平4
（7）炮四进四　车3平4　　　（8）炮四平一

至此红方肋炮右移攻击到位,局势已明显占优。

▶ 例四：腾挪抢先

图 8-18　黑先。形势分析：盘面红方虽重兵集结左翼,但车在低位,运转欠灵活,右翼空虚；黑方可利用腾挪战术运子攻红方右翼,抢先夺势。着法如下：

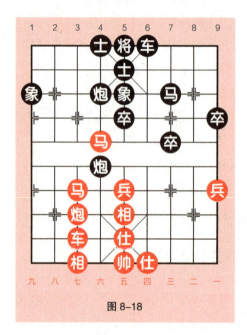

图 8-18

（1）……　车6进8
（2）相五进三　象5进3！

黑方飞象既拦马奔袭卧槽调整右翼士象防守阵形,又为士角炮左移腾路。

（3）炮七平八　马7进6！

进马为炮左移腾道。

（4）炮八进七　象1退3
（5）马七退五　前象退1
（6）马六进八　后炮平7
（7）车七进六　炮7进3
（8）仕五进四　马6进5
（9）后仕进五　车6平8
（10）仕五进六　车8进1
（11）帅五进一　炮4平5（黑方大优）

▶ 例五：腾挪抢先

图 8-19　黑先。本局选自《梅花谱》。形势分析：盘面双方红方少子,黑方缺双象。双方战斗集中在中心区域。黑方集结车双炮马的优势兵力对阵红方中路车炮。黑方可采用腾挪战术突击,以组合战术抢先。着法如下：

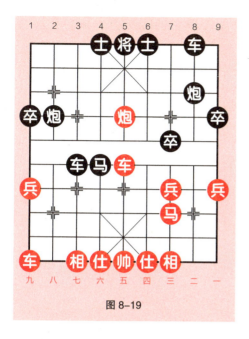

图 8-19

（1）…… 马4退3！
（2）车五退二

红方如改走车五平七，则黑方炮2平5，帅五进一，马3进5，相七进五，马5进3，黑方得车后胜定。

（2）…… 炮2平5
（3）车五进四　炮8平5
（4）仕六进五　车3退1
（5）马三进五　车3平5

至此黑方以腾挪战术开路，解决中路缠斗后，已先手在握，优势明朗。

▶ 例六：腾挪抢先

图 8-20　红先。形势分析：盘面红方多一中兵，双方中路呈对峙状态。黑方弱点是双马和车炮的联系协调差，红方可利用此弱点弃子腾挪，实施中路突击。着法如下：

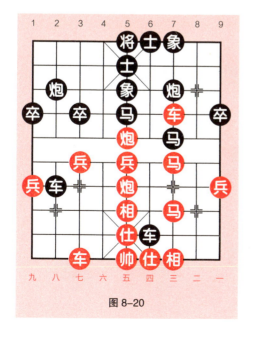

图 8-20

（1）前炮进二！

红方弃炮打象腾挪，为中兵续进腾道。

（1）……　象7进5
（2）兵五进一　炮2进1
（3）兵五进一　马7退5
（4）前马进五　炮7进5
（5）炮五进三　炮2平5
（6）车三平五　车2退4
（7）马五进七　车6退6
（8）车七平六　卒9进1
（9）马七进六！

红方进马踩车腾挪，再谋边卒。

（9）……　车2平3

黑方如改走车2平1，则红方车五平八，车1退2，马六退八，车1平2，马八退六，红方借杀得车。

（10）车五平九

至此红方多两兵，黑方缺象，红优。

第九章

驱 逐 战 术

驱逐战术是指在具体的对局中抢先驱赶对方某个棋子,从而使双方攻守形势达到有利于己方的战术。

驱逐战术的目的不同于捉子,它的作用一是驱赶对方兵力使其攻防阵形出现缺陷,兵力结构显露弱点;二是抢先为己方组合战术的使用和杀法的实施创造条件。

驱逐战术的方式方法一般有三种:一是直接驱逐,即造成捉子局面迫对方兵力逃遁;二是借攻杀驱逐即借助战术、杀法驱赶对方子力;三是反牵制驱逐,即蓄意让对方牵制以制造驱赶兵力的机会。在实践中直接驱逐和借攻杀驱逐是重点,反牵制驱逐是难点,是一种后中先的手段。

第一节　驱逐得子

利用驱逐手段，制造对方兵力结构的弱点，同时展开己方兵力，造成得子的战果，一般要和其他战术、杀法组合应用才得实效。

▶ **例一：逐子得子**

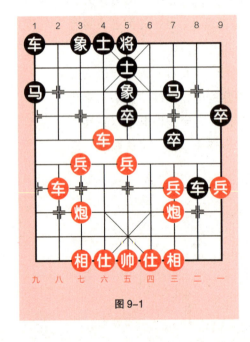

图9-1

图 9-1　红先。形势分析：盘面红方双车双炮四兵对黑方双车双马三卒。看似局势较为平稳，但红方可在兵行线己方车兵被牵的较为被动的情况下，实施反牵制逐子，运子攻黑方右翼得子。着法如下：

（1）炮七进一！　车8进1

黑方如改走车8平7，则红方炮七进六，车1平3，车八平三，红方弃炮抽将得子。

（2）炮三平九　车1平2
（3）车八进六　马1退2
（4）车六进三　士5退6
（5）相三进五　车8退2
（6）车六平八

至此红方捉死黑马，红方胜势。

▶ **例二：逐子得子**

图 9-2　红先。形势分析：盘面黑方弱点是少卒，右翼马炮被禁控，兵力结构不协调。红方多两兵且七兵渡河，车双炮马对黑方7线压力甚大。红方可用逐子

战术抢先进攻得子。着法如下：

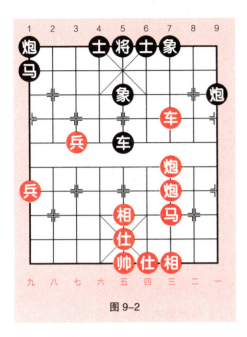

图 9-2

（1）兵七平六！ 车 5 进 1

黑方如改走车 5 平 4，则红方后炮平五，车 4 平 5，炮三进六，士 6 进 5，炮三平一，黑方阵形崩溃。

（2）后炮平五 士 4 进 5
（3）炮五平四！ 马 1 进 3

黑方进马防红方炮四进一打死车。

（4）炮四进五 士 5 进 6
（5）炮三进五 后士进 5
（6）炮三平九

至此红方得炮破象，已敲开胜利之门。

本局首着平兵逐车精妙，使对方阵形出现缺陷。

▶ 例三：逐子得子

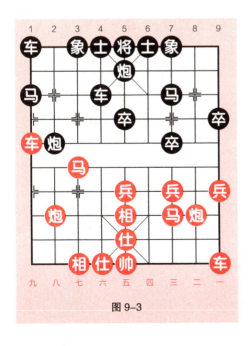

图 9-3

图 9-3 红先。形势分析：盘面黑方右翼双方战术关系较为复杂。红方边车和马炮牵制黑方双车马炮。黑方有分中炮平边打死车的手段。从全局看黑方阵形不协调，兵力处于 3 线以下特别是窝心炮弱点明显。红方可动员右翼兵力实施逐子战术，侵扰黑方 3 线得子。着法如下：

（1）炮二进五！ 象 3 进 5
（2）马七进八！ 车 4 平 3
（3）车一平四 炮 5 平 4
（4）车四进七 车 3 进 1
（5）车四平三 炮 4 进 1
（6）炮二退一 卒 5 进 1

（7）炮二平五　士4进5　　　　　（8）车三退一

至此红方利用炮马先后逐车，造成右车得马。

▶ 例四：逐子得子

图9-4　红先。形势分析：盘面黑方弱点较多，兵行线车炮被牵，双马灵活性、有效性差，阵形结构散乱。红方双车双炮马占位好，特别是河沿马冲击力强。红方可综合利用黑方以上弱点，实施逐子战术造成得子胜局。着法如下：

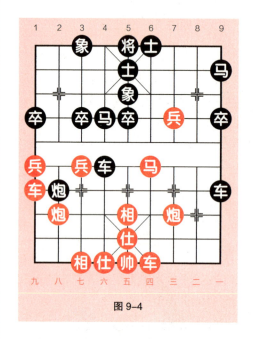

图9-4

（1）炮三进二！　车4进3
（2）炮八平六　车4平2
（3）马四进六　车9平4
（4）马六进四　士5进6
（5）炮六进四　车4退3
（6）马四退五　车4进3
（7）马五退六！车2进1

至此红方连续运马逐车，迫黑方阵形涣散，露出左翼弱点。以下红方继续进击得子。

（8）车四进七　马9退7
（9）炮三进五　象5退7
（10）帅五平四　士6进5
（11）车四平八　车4平7
（12）车九平八　车2退3
（13）车八退四（红方得子胜定）

▶ 例五：逐子得子

图9-5　黑先。本局选自《梅花谱》第二局。形势分析：盘面黑方少一象，红方弱点是七路车炮被牵，而且七路车被牵困已失去灵活性。黑方可采取逐子战术抢先得子。着法如下：

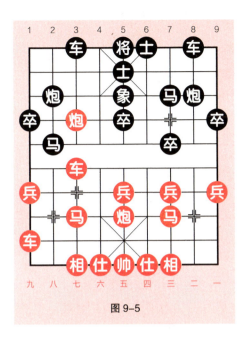

图 9-5

（1）……　炮8进3
（2）车九平二　卒7进1
（3）车七平三　车3进3
（4）车二进三　车8进5
（5）车三平二　车3进4
（6）马三退五　车3平4

至此黑方得子，胜利在望。

例六：逐子得子

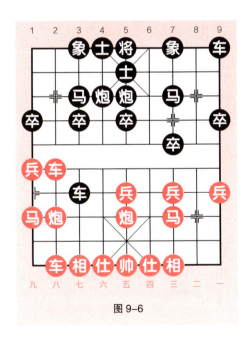

图 9-6

图 9-6　红先。本局选自《橘中秘》得先类。形势分析：盘面黑方右车孤军深入，3 线弱点严重，红方左翼集中双车双炮马的优势兵力。红方可借逐子战术攻黑方 3 线得子。着法如下：

（1）炮八进一！　车3退2

黑方如改走车 3 进 1，则红方炮八平七，卒 3 进 1，仕六进五，黑方 3 路车被禁困，红方有拆中炮打死黑车之后续手段。

（2）仕四进五　车9平8
（3）炮八平七　车8进8
（4）炮五平七　车3平6
（5）前炮进四　炮5平3
（6）炮七进五（红方得子优势）

第二节 驱逐入局

利用驱逐手段驱赶对方兵力，从追求破坏对方阵形态势着眼，从制造对方兵力结构弱点着手，推动形成杀势，进而造成杀局。

▶ 例一：逐子入局

图 9-7 红先。形势分析：盘面黑方弱点是左翼兵力拥塞，战斗力难以发挥；双车处于底线，中路防守薄弱。红方虽然后方车马暂时难以行动。但前方车双炮已组成有力的攻击队形，现可借逐子战术攻破黑方防线。着法如下：

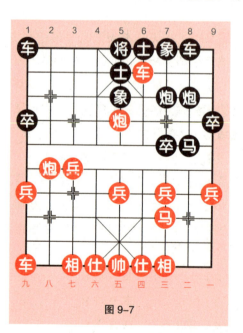

图 9-7

（1）炮八进一！　卒 7 进 1
（2）炮八平四　　车 1 进 2
（3）炮四进四　　象 7 进 9
（4）车四平五　　将 5 平 4

黑方如改走将 5 平 6，则红方车五进一，将 6 进 1，车五平二，红方得车胜定。

（5）炮四退八　　车 1 平 4
（6）车九平八　　象 5 退 3
（7）炮五平六　　车 4 进 1
（8）车八进九　　车 4 进 6
（9）帅五进一　　炮 7 退 2
（10）炮四进八

至此红方成双车错胜。本局利用直接驱逐抢先破士入局。

▶ 例二：逐子入局

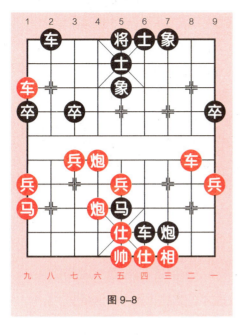

图 9-8

图 9-8 黑先。形势分析：盘面红方多子缺相，弱点是整体兵力结构不协调，只是肋炮有串打战术，三路孤相是众矢之的。黑方左翼车马炮攻入腹地，现可和右车配合针对红方三路孤相左右夹击，实施逐子战术入局。着法如下：

（1）……　炮7退6！
（2）车九退一

黑方退炮逐车抢先入局的关键之着。红方如改走后炮退一，则黑方车6退3，车二退四，炮7平1，相三进五，车6平4，炮六进一，车2进7，黑方捉死红马胜定。

（2）……　车6退3！

红方如改走车二退四，则黑方马5进7，帅五平六，车6平8，至此黑方捉死红车胜。

（3）……　马5退7
（4）车二退一　车6平4
（5）马九进七　马7进6
（6）车二进七　车2进9
（7）炮六退二　炮7进6
（8）车九进三　士5退4
（9）马七退五　车4进4
（10）仕五退六　马6退4
（11）帅五进一　车2退1（黑胜）

▶ 例三：逐子入局

图 9-9 红先。形势分析：盘面红方集结双车双炮双马全部兵力于黑方右翼，黑方底线车炮被牵，左翼车马炮无有效攻击手段。因此红方采用组合战术进攻以逐子战术入局。着法如下：

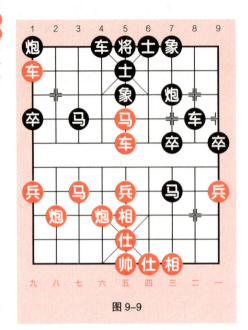

图 9-9

（1）车五平六　车 4 进 4
（2）马七进六　车 8 平 5
（3）车九进一　士 5 退 4
（4）车九平六　将 5 进 1
（5）炮八进五！

红方弃炮逐炮！妙着。

（5）……　马 3 进 2

黑方如改走炮 7 平 2，则红方马六进七将军抽车胜。

（6）相五进七　象 5 进 3
（7）马六进七　炮 7 平 4
（8）车六退二　车 5 平 3
（9）炮六退一

至此红方伏有车六平五，将 5 平 4，仕五进六，红胜。黑方无法抵抗。

▶ 例四：逐子入局

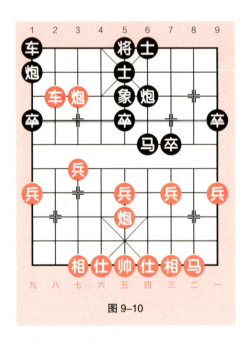

图 9-10

图 9-10　黑先。形势分析：盘面黑方缺象少卒，右翼车炮尚未开动。红方弱点是前后兵力脱节。现战斗焦点是黑方 3 线上的红方车炮和黑方 6 路肋炮之间暂时的牵制、兑子的关系，黑方可抢先利用逐子战术入局。着法如下：

（1）……　马 6 退 4！
（2）车八退一　马 4 进 3！
（3）车八平七　马 3 进 4

至此黑方利用 3 线红车炮暂被牵的因素，运马逐车，抢先挂角将军展开攻势。

（4）帅五进一　车 1 平 2
（5）帅五平四　炮 6 退 1
（6）仕四进五　士 5 进 6

（7）仕五进四　车2进8　　　　（8）帅四退一　士6退5

（9）仕四退五　炮1平3（黑方打死红车胜定）

▶ **例五：逐子入局**

图 9-11　红先。形势分析：盘面黑方的弱点是阵形结构散乱，兵力协调性差，特别是车处于低暗处难以发挥作用。红方中路车炮攻击力强，边炮遥控黑车。红方可借中炮优势，采用逐子战术向铁门栓等杀法演进。着法如下：

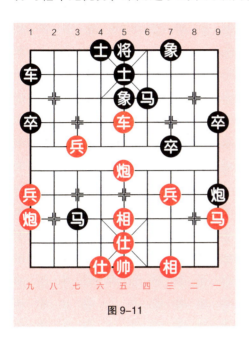

图 9-11

（1）车五平一！　炮9平1

（2）车一平四！　马6退8

红方运车逐炮活马，再运车逐马构成铁门栓杀形。

（3）帅五平四　马3退2

（4）马一进二　马2进1

（5）马二进三　马1退3

（6）马三进一

至此红方形成卧槽马杀法胜。

▶ **例六：逐子入局**

图 9-12　红先。形势分析：盘面黑方多两卒，双车扼守要津。红方双车马炮似已进攻被阻，解决红马进击之路是当选要务，黑方4路肋道是双方攻防要线，红方以逐子战术抢占攻防要线助红马进攻入局。着法如下：

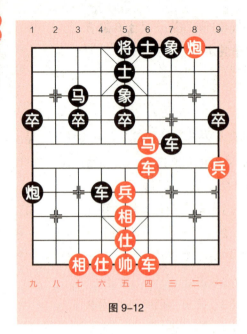

图 9-12

（1）炮二退六！ 车4平5

（2）马四进六　炮1退2

黑方如改走车7平4，则红方马六进五，士6进5，炮二进六，士5退6，前车进5，将5进1，前车退一胜。

（3）马六进五　炮1平6

（4）马五退七　车5平8

黑方如改走炮6进5，则红方炮二进六，下一手车四进五，红胜。

（5）前车进一　车7平6

（6）车四进五　车8进3

（7）仕五退四　车8退4

（8）车四进三　车8平4

黑方如改走车8平9，则红方车四平六，士6进5，车六平五，将5平6，马七退五，红胜。

（9）马七退五　车4平9　　（10）马五进三　将5平4

（11）车四进一　将4进1　　（12）马三退五

至此红方以下立马车胜。

第三节 驱逐抢先

利用驱逐手段使双方攻守形势发生有利于己的变化，其中直接驱逐和借攻杀驱逐是重点，反牵制驱逐难度大，隐蔽性强，抢先效果最明显。

▶ 例一：逐子抢先

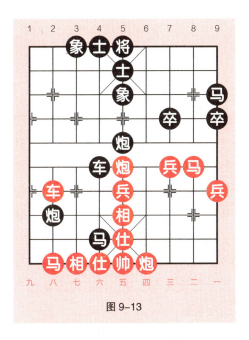

图 9-13

图 9-13　红先。形势分析：盘面黑方车双炮马深入红方腹地作战，但兵力对比不占便宜，边马不能参战，右翼炮马被红方压制。红方多一兵，且有继续多兵之势。现红方可用逐子战术，抢先破象得卒，确立优势。着法如下：

（1）炮四进四！　车4退2
（2）炮四退三　马4退5
（3）炮五进三　象3进5
（4）车八平五　车4平5
（5）马八进七　炮5进1
（6）马二进一

至此红方破象得卒，并且中路牵制黑方车炮，已确立胜势。

▶ 例二：逐子抢先

图 9-14　红先。形势分析：本局是由顺炮横车对直车红方巡河炮形成的前中局，双方兵马毫发未伤。现红方过河车已陷绝境，但黑后方兵力灵活性差，红方全部兵力已展开。红方可利用逐子战术争先。着法如下：

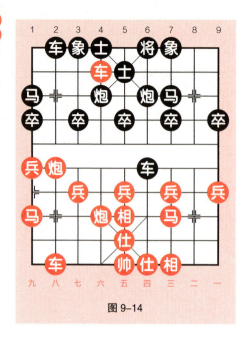

图 9-14

（1）兵三进一！ 车6退1
（2）炮六平八！ 车2平1

红方抢先两着，先逼退黑方肋车，活通马路，再平炮逐退黑方底车，至此红方兵力协调性很好。

（3）车八平六！ 炮6退1
（4）前车进一   士5退4
（5）车六进七   将6平5
（6）车六平三

至此红方逐退黑方双车后，弃车换双并破黑士。黑方左翼弱点明显，红方阵形协调已抢先占势。

▶ 例三：逐子抢先

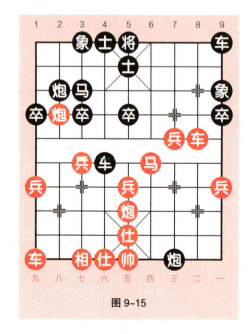

图 9-15

图 9-15 红先。形势分析：盘面黑方弱点是兵力较为分散，由于协调性、针对性不强，因此进击力量不足。红方弱点是右翼受黑方沉底炮牵制，河沿黑车捉双，马的去向是局势发展的关键。红方采用逐子战术抢先。着法如下：

（1）炮八退二！ 车4平3

黑方如改走车4进3，则红方车九进二抢到先手。

（2）马四进六   炮2进2
（3）车二退五   炮2平3
（4）车九平八！

红方精妙之着！后中先，以一车换双后可获强烈攻势。

（5）车八平七   车3进4
（7）炮五进四   士5进4
（4）……   炮3进5
（6）马六进七   车3退4

（8）炮八进五　炮7平4　　　　（9）车二进七

至此红方车双炮马围攻将底，红方胜势。

▶ **例四：逐子抢先**

图9-16　红先。形势分析：盘面红方弱点是八路车炮被牵，三路弱马联系性差。黑方弱点是3路底象易成攻击目标，右翼底车和红方车炮是牵制和反牵制的关系。红方可利用黑方底象和八路双方互相牵制的微妙关系实施逐子抢先。着法如下：

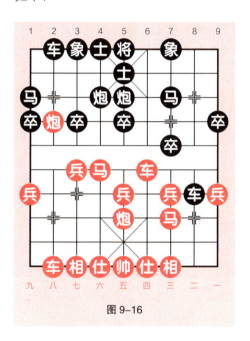

图 9-16

（1）兵七进一！　车8平7

黑方如改走卒3进1，则红方炮五平八逐车，车2平1，相七进五，红方优势。

（2）炮五平八　车2平1

黑方如改走车2进3，则红方兵七平八，车7进1，相三进五，炮5进4，士六进五，车7进1，兵八进一，红优。

（3）马六退五　车7退1
（4）车四平三　卒7进1
（5）兵七平六　马7进8
（6）后炮进三　马8退7
（7）兵六进一（红优）

▶ **例五：逐子抢先**

图9-17　红先。本局选自《橘中秘》得先类。形势分析：黑方弱点是左车移动步数过多，右翼兵力尚未开动，整体布局有失去平衡之感。红方可逐黑方3路车抢先开动兵力，占据优势。着法如下：

139

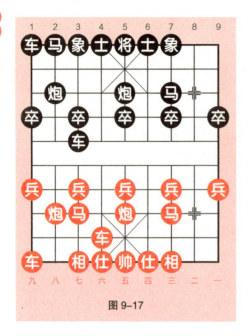

图 9-17

（1）兵七进一！ 车3进1
（2）马七进六 卒7进1
（3）相七进九！ 车3平2

黑方如改走车3进1，则红方炮八进七，车1平2，马六进八，车3退2，马八进七，士6进5，马七进八，红方得车胜；又如黑方改走车3退1，则红方马六退八捉双。

（4）炮八平七 马2进1
（5）马六进七 车2退2
（6）马七进八 士4进5
（7）炮七进五 车1进1
（8）车六进七

至此黑方兵力被禁困。红方可开左车助战，红优。

▶ 例六：逐子抢先

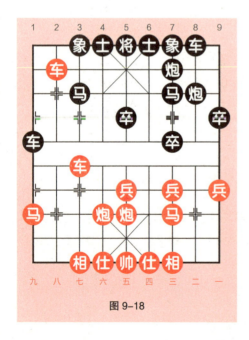

图 9-18

图 9-18 黑先。本局选自《梅花谱》。形势分析：盘面已进入中局阶段，双方各攻一翼，互胁对方三路线。红方八路车深入黑方下二路，意图试探黑方士的动向。黑方此时可采取逐子争先手段，仕7线展开反击。着法如下：

（1）…… 马7退5！
（2）车八退四

红方如改走车八退二，则黑方卒7进1，兵三进一，炮8进7，炮五进四，马3进5，车八平五，炮7进6，车七进五，车8进8，马九进八，车8平7，相七进五，车1平6，仕六进五，车6进4，帅五平六，车6平5，炮六平三，车5平4，帅六平五，车7平5，黑胜。

（2）……　　卒7进1

（3）兵三进一　炮8进3　　　（4）马三进二　炮7进8

（5）仕四进五　车8进5　　　（6）兵三进一　车8进4

（7）车七平二　车8平9　　　（8）车八平四　车1平7

至此黑方吃掉过河兵后形成沉底炮车配合抽将之势，盘面黑方已反先占优。

第十章 堵塞战术

堵塞战术是指在具体的对局中运子堵塞对方象眼或造成对方将（帅）道路堵塞，以达到得子抢先入局目的的战术。

堵塞战术是一种特定运子战术，它的作用一是使对方双象失去联系或缩小象的活动范围，造成得子入局机会，一般在攻杀线和肋道应用较多；二是堵塞将（帅）移动通道，一般在底线应用较多，主要是通过弃子手段造成臣压君、闷杀等杀法。

第一节　堵塞得子

> 堵塞得子就是利用堵塞象眼直接得象，或破坏对方兵力结构，然后和其他战术组合应用得子。

▶ **例一：堵塞得子**

图 10-1　红先。本局选自《梅花谱》，是顺炮横车对直车早期变化的一种局面。形势分析：红方左翼兵力集中，此方向是对局的主战场，红方采用堵塞战术得子。着法如下：

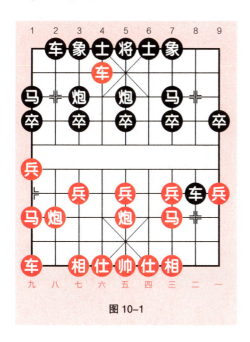

图 10-1

（1）炮八进六！　炮 3 退 1
（2）车九平八　车 8 平 7
（3）车八进七

至此红方进炮堵塞，黑方右翼车马炮兵力萎缩，弱点严重。

（3）……　车 7 进 1

黑方如改走士 6 进 5，则红方马九进八，变化下去红优。可参看原谱着法。

（4）车六平七　炮 5 进 4
（5）仕六进五　象 3 进 5
（6）马九进八　炮 5 平 7
（7）仕五进四　炮 7 进 3
（8）后仕进五　车 7 退 3
（9）马八进七　士 6 进 5
（10）马七进九（红方得子胜势）

▶ **例二：堵塞得子**

图 10-2 红先。形势分析：盘面双方主战场在黑方右翼。黑方弱点是防守兵力少，底线是红方攻击目标。红方可集中双车双炮强攻黑方底线，并以堵塞战术扩优得子。着法如下：

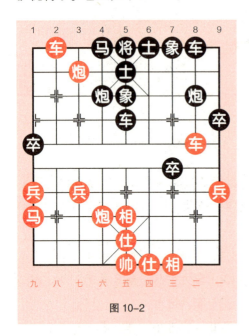

图 10-2

（1）炮七平九　车 5 平 1
（2）炮九进一　炮 4 平 3
（3）车二平六　炮 3 退 2
（4）炮六进七

红方如果改走炮九平七，则黑方象 5 退 3，车八平七，炮 8 平 4，炮六进五，士 5 进 4，车六进二，士 6 进 5。至此黑方解除危险，虽处劣势，但求和机率增加。

（4）……　士 5 退 4
（5）车六进三！

红方佳着！堵塞象眼求杀。

（5）……　车 1 退 3
（6）车八平九　士 6 进 5
（7）车九退四（红方得子胜势）

▶ **例三：堵塞得子**

图 10-3 红先。形势分析：盘面黑方多一中卒且右车捉炮，但黑方弱点是中路防守薄弱，双车在低位。红方车马炮三子配合抢攻中路，以堵塞战术抢先得子。着法如下：

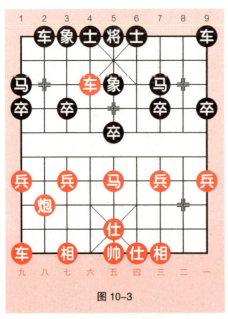

图 10-3

（1）炮八平五　士 6 进 5
（2）车六进一！

堵塞象眼是配合马炮进攻的关键之着。

（2）……　卒 5 进 1

黑方如改走车2进4，则红方马五进四，马7退6，马四进五，马6进5，炮五进五，将5平6，车九进二，红方优势。

（3）马五进三　卒5平6　　　（4）马三进四　车9平7

（5）车九进二　车2进4　　　（6）马四进六　将5平6

（7）炮五平四　卒6平5　　　（8）炮四退一

至此黑方只好将6平5，则红方车六平八抽车，红方形势大优。

▶ 例四：堵塞得子

图 10-4　黑先。本局选自《梅花谱》。形势分析：盘面双方主战场在红方左翼及中路。红方弱点是相位不正，边马局促一隅，中兵失防。黑方车双炮马位置甚佳可做战术配合，以堵塞战术得子。着法如下：

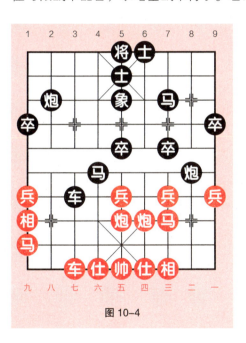

图 10-4

（1）……　　马4进5

（2）相三进五　车3平5

（3）相九进七　炮8平5

（4）仕六进五　车5平1

（5）马九进七　车1平6

（6）帅五平六　车6平4！

（7）帅六平五

红方如改走仕五进六，则黑方炮2平4，仕四进五，车4平6，帅六平五，车6进1，黑方得子。

（7）……　　炮2进5

（8）马七退六　炮2平6

至此黑车照将压相腰后，进炮串打得子。

▶ 例五：堵塞得子

图 10-5　红先。形势分析：盘面双方主战场在黑方右翼，攻防要点在肋道。黑方最严重弱点是窝心马难以脱出。红方集中双车炮兵及右翼肋马协同作战，造成堵塞战术得子。着法如下：

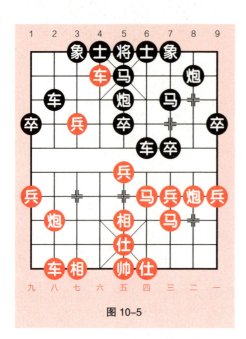

图 10-5

（1）炮八平七　车 6 平 3
（2）车八进七　炮 8 平 4
（3）马四进三　炮 4 进 1
（4）车八平六　车 3 平 7
（5）车六进一！车 7 平 3
（6）帅五平六　炮 5 平 4
（7）车六退一　马 5 进 6
（8）车六进二　将 5 进 1
（9）马三进五（红方得子胜势）

第二节　堵塞入局

> 通过堵塞象眼和将（帅）通道，再和其他战术组合应用制造杀势入局。一般以闷宫、闷杀、臣压君杀法较多。

▶ **例一：堵塞入局**

图 10-6　红先。本局选自《橘中秘》，属实用残局。形势分析：炮高兵必胜单象，其诀窍是掌握时机，注意用帅制约黑象飞中，在此前提下用炮兵配合三次堵塞象眼，造成得象入局。着法如下：

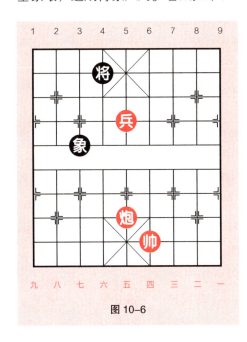

图 10-6

（1）兵五平六！

一压象腰，控象回中。

（1）……　象3退1

（2）炮五平八　将4平5

（3）炮八进四！

再压象腰缩小其活动空间。

（3）……　象1退3

黑方如改走将5退1，则红方兵六进一，将5进1，帅四退一，将5退1，兵六进一，象1退3，炮八进二！三压象腰，红方困毙胜。

（4）兵六进一　象3进1

（5）帅四退一　象1退3

（6）炮八进二！

三压象腰，时机恰到好处。

（6）……　象3进5

（7）帅四平五（红方得象胜定）

▶ 例二：堵塞入局

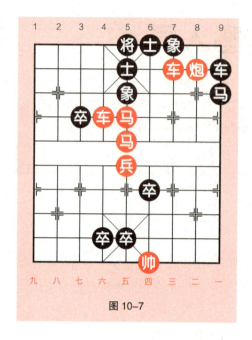

图 10-7

图 10-7　红先。本局选自《橘中秘》之堵塞要路。形势分析：盘面黑方宽步入杀，红方双车双马炮集结优势兵力，强攻将府。用组合战术进击，以堵塞战术抢先入局。着法如下：

（1）车六进三　将5平4

黑方如改走士5退4，则红方前马进七，士4进5，马五进四，士5进6，车三平八以下同正变着法。

（2）前马进七　将4平5

（3）马五进四　士5进6

（4）车三平八　象5退3

（5）车八进一　象7进5

（6）炮二平六！

堵塞象眼，要立马车杀，是典范的堵塞战术应用。

（6）……　车9平4

（7）车八平七　车4退1

（8）车七平六（红胜）

▶ 例三：堵塞入局

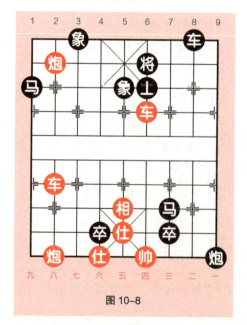

图 10-8

图 10-8　红先。形势分析：盘面黑方左翼车马炮卒围攻红帅已成杀势。红方双车双炮借帅力左右夹击，借先行之利，实施组合战术进击，以堵塞战术入局。着法如下：

（1）车四进一　将6平5

（2）车四进一　将5退1

（3）前炮进一　马1退2

（4）车四平五！

红方弃车引将，精妙之着。

（4）……　　将5进1

红方进车将军，抢先堵塞象眼。

（5）……　　将5退1

（5）车八进五！

（6）炮八进九（红胜）

▶ 例四：堵塞入局

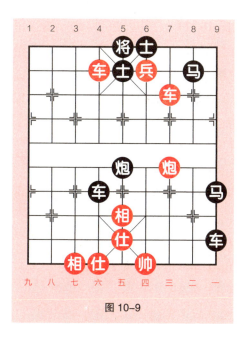

图 10-9

图 10-9　红先。形势分析：盘面黑方双车马炮已构成杀势。红方双车炮兵借红帅成左右夹击之势，红方借先行之利，可用组合战术进击，以堵塞战术入局。着法如下：

（1）车六平五　　将5平4

黑方如士6进5，则红方车三进二，士5退6，车三平四，马8退6，炮三进五，红方堵塞马成闷杀胜。

（2）车三平六！　车4退4

（3）车五进一！　将4平5

黑方如改走将4进1，则红方炮三进四，士6进5，兵四平五，红胜。

（4）炮三进五　　士6进5

（5）兵四进一

至此堵塞黑将，红方双将胜。

▶ 例五：堵塞入局

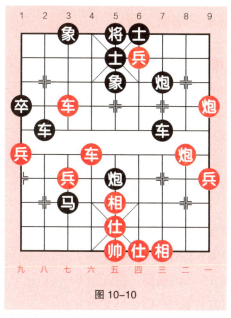

图 10-10

图 10-10　红先。形势分析：盘面黑方以中炮为支撑左右两翼双要杀，但黑方底线和中路薄弱。红方双车双炮兵协同作战，以组合战术冲击，以堵塞战术入局。着法如下：

（1）炮二进五　　炮7退2

（2）兵四进一　　士5退6

（3）车六进五　　将5平4

（4）车七平六！

红方抢先将军，压住象腰，造成黑方中象无处飞。

（4）……　将4平5　　　　　（5）炮一平五（红胜）

▶ 例六：堵塞入局

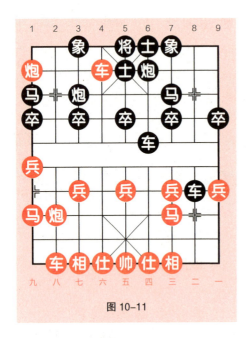

图 10-11

图 10-11　红先。形势分析：盘面黑方肋炮串打，但弱点是右翼空虚，阵形结构失调，双车马炮置于左翼攻防乏力。红方双车双炮集中优势兵力攻黑方底线，以堵塞战术入局。着法如下：

（1）炮九进一　马1退2

（2）车六平八！

红方弃车堵塞，入局关键之着。

（2）……　炮6平2

（3）炮八进七　士5退4

（4）车八进八　象7进5

（5）车八平六！

红方堵塞象眼，以下炮九平七胜。

▶ 例七：堵塞入局

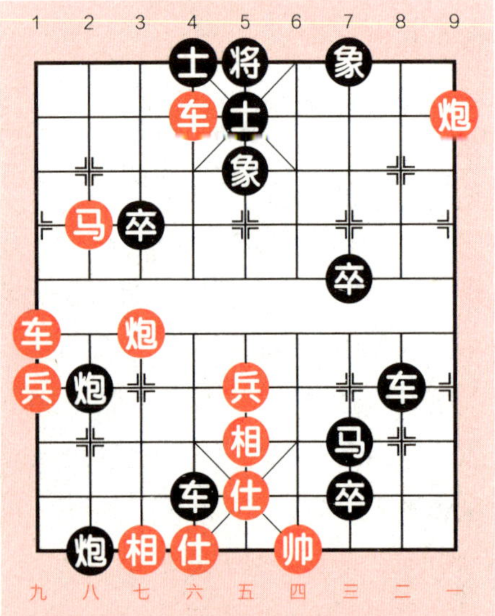

图 10-12

图 10-12　红先。形势分析：盘面双方均倾巢而出，黑方双车双炮马卒围攻红帅，擒王在即，红方双车双炮马借帅控肋道。红方以马为核心采用组合战术抢先发难，以堵塞战术入局。着法如下：

（1）车六平五　将5进1

（2）车九进四　将5退1

（3）马八进七　将5进1

（4）马七退六　将5退1

（5）马六进四　将5平6

（6）炮六平四　马7退6

（7）车九平四　将6平5

黑方如将6进1，则红方马四进二胜。

（8）车四平二！

抢先抽将，堵塞象眼。

（8）……　将5平6　　　　　（9）炮九进一（红胜）

▶ 例八：堵塞入局

图 10-13　红先。形势分析：盘面黑方右翼边炮沉底有连续杀着，但后防薄弱。红方双车双炮马已成左右夹击之势。红方可利用右马的有利位置，抢先进攻，以堵塞战术入局。着法如下：

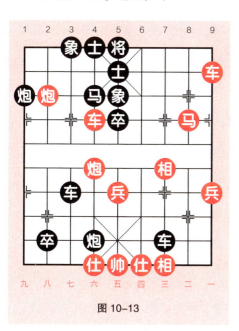

图 10-13

（1）车一进一　象5退7

（2）车一平三　士5退6

（3）炮六平五　士4进5

（4）马二进四　马4退6

（5）车三平四！

弃车引离黑方将造成将路堵塞。

（5）……　将5平6

（6）车六进三　士5退4

（7）马四进二（红胜）

本局红方弃车引将造成将路堵塞，再跃四路马将军压象腰的堵塞战术经典、实用。

第三节　堵塞抢先

利用堵塞象眼的机会使对方兵力结构出现裂断，阵形态势恶化。利用组合战术和杀法进攻，抢夺局势主动权。

▶ 例一：堵塞抢先

图 10-14　红先。本局选自《橘中秘》得先类。形势分析：盘面双方主战场在黑方右翼，黑方弱点是窝心马难以跃出，右翼兵力对比红方处于强势。红方可用堵塞战术抢先。着法如下：

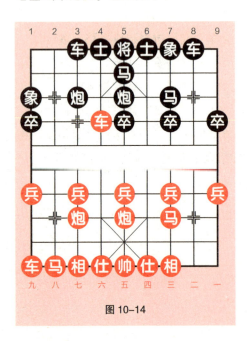

图 10-14

（1）车六进二

进车堵塞抓住全局攻防要点。

（1）……　　炮 3 进 5
（2）马八进七　车 3 进 6
（3）车九进二　车 8 进 6
（4）马七退九　车 8 平 7
（5）车九平六　车 3 退 6
（6）仕六进五　炮 5 平 2
（7）帅五平六　炮 2 退 2
（8）后车进五　车 7 进 1
（9）后车平四　车 7 退 3
（10）炮五进四　象 7 进 5
（11）车四平三　车 7 平 5
（12）车三平五　车 5 退 1
（13）车五退一（红方胜势）

▶ 例二：堵塞抢先

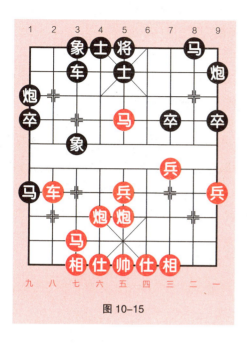

图10-15

图 10-15 红先。形势分析：盘面双方兵力相等。黑方弱点较多，边马和底线被禁困，3路车双象位置不佳。红方兵力虽较集中，但向前运动需要时间，双方主战场在黑方3路，红方可采用堵塞战术抢先。着法如下：

（1）炮六进四！

进炮塞象眼，使黑方3路难以整形，红方并有后续进攻手段。

（1）……　车3平2
（2）炮五平七　后象进5
（3）炮六平七　车2平3
（4）马五退四　马8进6
（5）兵五进一　卒7进1
（6）兵三进一　象5进7
（7）兵五进一（红方优势）

▶ 例三：堵塞抢先

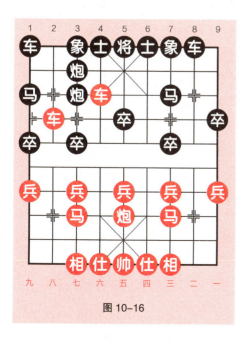

图10-16

图 10-16 红先。形势分析：盘面黑方多子，红方肋车捉双，微妙的情况是黑方右翼兵力虽多，但尚未出动且龟缩于一隅。红方双车和中炮配合，利用堵塞战术抢先，再运马助战扩势。着法如下：

（1）车八平六　士6进5
（2）前车平七　象7进5
（3）车六进二！

妙着！红方运双车调位，抢先堵塞象眼，迫黑马离位，创造中路进击优势。

（3）……　马7进6
（4）兵五进一　车8进2

黑方如改走车8进3，则红方马三进五，车1平2，兵五进一，马6进7，马五进六，马7进5，相七进五，象5退7，车七平三，车8退3，兵五进一，红优。

（5）炮五进四　马6进7　　　（6）兵五进一　车1平2

（7）马七进五（红方优势）

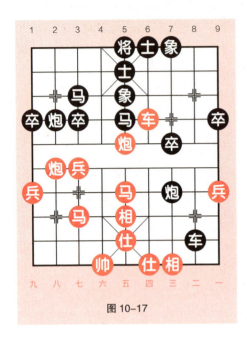

图 10-17

▶ 例四：堵塞抢先

图 10-17　红先。形势分析：盘面黑方的弱点是兵力分散，左翼车炮在红方背面进退失据。红方中路集中优势兵力，中马蓄势待发。红方可用堵塞战术抢先夺势。着法如下：

（1）车四进二！

堵塞象眼伴攻中路，实则助中马出击。

（1）……　　车8退6

（2）马五进六　象5进3

黑方如改走炮2退2，则红方车四退五，炮7进1，马六进八，炮2平4，马七进五，仍是红优。

（3）兵七进一　卒3进1

（4）马六进七　车8平3

（5）炮八平五　车3平4

（6）帅六平五　车4进1

（7）车四退五　卒7进1

（8）马七进八　卒3进1

（9）相五进七（红方优势）

▶ 例五：堵塞抢先

图 10-18　黑先。形势分析：盘面红方多两兵，过河兵捉马。双方主战场在红方左翼。红方的弱点是车马炮三子尚未出

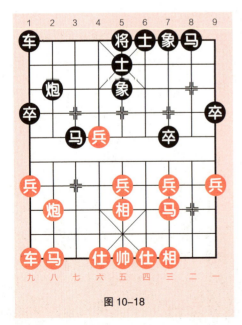

图 10-18

动，而黑方右翼车马炮占位甚好，用河头马策应车炮进攻以堵塞战术抢先。着法如下：

（1）……　马3进4　　　　　　（2）马八进六

红方如改走炮八平六，则黑方马4进2后得子。

（2）……　车1平3　　　　　　（3）炮八平六　车3进7！

（4）仕六进五　车3进1！　　　（5）车九平八　炮2进5

（6）帅五平六　马8进7

黑方通过运车捉炮捉马，迫使红方帅马自相堵塞，左翼兵力被禁困，现运左马出击，已占优势。

（7）兵五进一　马7进8　　　　（8）兵五进一　马8进7

（9）兵五进一　卒7进1　　　　（10）马三进五　卒7平6

至此黑方得先占优。

▶ **例六：堵塞抢先**

图 10–19　红先。形势分析：盘面黑方主要弱点是缺士，其次是兵种不全，双车分在两翼，只是单兵作战，威胁力不强，而中路相对空虚。红方左炮被捉，三线车马被牵，但红方可抓住黑方中防薄弱的主要矛盾，采用堵塞战术抢先。着法如下：

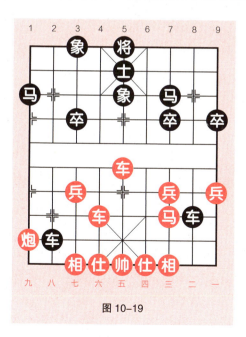

图 10–19

（1）车六进六！

抓住要害，堵塞象眼强攻中路。

（1）……　马7退6

黑方如改走车2平1，则红方车五进三，车8退5，车五平四，红方拦马捉士胜定。

（2）炮九进一　车8平7

（3）炮九平五　车2平6

（4）车五平六　车7平5

（5）相七进五

至此红方双车三兵对黑方车双马三卒。但黑士弱点未消除。红方优势明显。

第十一章
解 攻 还 攻

解攻还攻是指在具体的对局过程中，在面对对方的技战术进攻时，采取针锋相对的手段还以更加严厉、有效的反击战术。

解攻还攻战术的作用是在激烈的对局中用非常规的战术手段，立竿见影地扭转战场攻守态势，化被动为主动，夺先制胜。

解攻还攻主要有两种：一是解攻还攻，主要是以战术手段反击对方的战术进攻，包括解捉还捉、反牵制等战术手段；二是解杀还杀，主要是以杀法攻将反击对方的杀法攻帅，包括解将还将等。

解攻还攻在实战中应用广泛，牵涉面广，它要求棋手有较深的战术素养。培养在形势判断基础上综合运用战术能力是重点。

第一节　解攻还攻得子

利用解攻还攻反击手段，在消除对方攻势的同时，制造对方弱点，造成得子局面。重点是战术的组合应用。

▶ 例一：解攻还攻得子

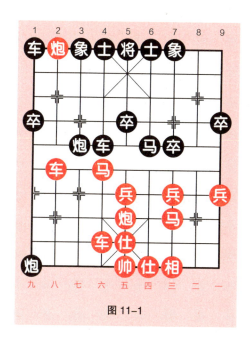

图 11-1

图 11-1　红先。形势分析：盘面双方战斗激烈，双方的底炮引人注目是关系全局的主要矛盾，河沿一带双方对峙，现红方可借先行之利采用解攻还攻抢先得子。着法如下：

（1）炮五平七！

红方平炮拦炮，解攻还攻，伏炮七进七，将5进1，车八进四，将5进1，马六进四，车4平6，帅五平六要杀的后续手段。

（1）……　　象7进5
（2）车八进三　炮3平2
（3）车八退二　车4平2
（4）马六进八　车1平2
（5）车六进八　将5平4
（6）马八进七　将4平5
（7）马七进八（红方得子胜势）

▶ 例二：解捉还捉

图 11-2　黑先。形势分析：盘面双方主战场在中心区域及红方右翼，红方炮

击中士企图争先兑马，但已身陷囹圄。黑方7卒渡河，有谋求扩先的手段，黑方可采用组合战术进攻，以解捉还捉战术得子。着法如下：

（1）……　卒7平6
（2）车四退一　车8退2
（3）车八平六

红方如改走马五进六，则黑方车8平4，炮五平二，炮4平5，相七进五，象5退3，车八退七，马7进8，黑方胜势。

（3）……　马4退6！

解捉还捉！红方必失炮。

（4）车六退一　马6退5
（5）车四进二　车8平5
（6）马五进三　象5进7
（7）车六进一　车5退1（黑方多子占优）

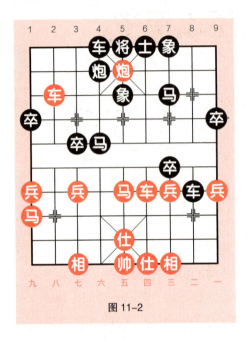

图 11-2

▶ 例三：解捉还捉

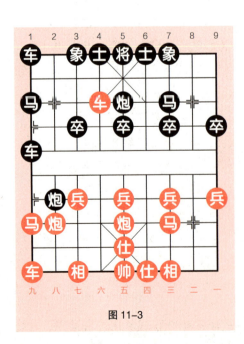

图 11-3

图 11-3　黑先。本局选自《橘中秘》让先类。形势分析：盘面双方主战场在黑方右翼。红车孤军深入，并欲谋求黑子。黑方右翼集结双车马炮，借此优势兵力预设解捉还捉陷阱，以饵诱红车入壳。着法如下：

（1）……　士4进5
（2）车六平八

红方如改走车六进一，则黑方炮2平1，车九平八，炮5平2，炮八平七，马1进2，炮七平八，马2进3，炮八平七，马3退2，炮七平八，马2进4，炮八平六，炮1平7，马三退一，马4进2，黑方优势明显。

（2）……　马1进2！　　　　（3）车八退二　炮2平1！

黑方连续进马打车、平炮打车，解捉还捉是经典的战术手段。

（4）车九平八　前车平2（黑方得车胜势）

▶ 例四：解杀还杀得子

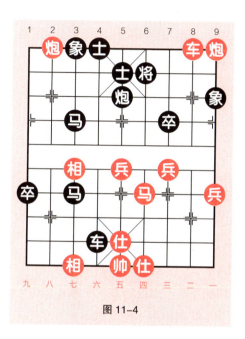

图11-4

图11-4 黑先。形势分析：盘面红方在黑方左翼车炮马有战术配合。黑方中路车马炮攻势强劲。黑方借先行之机，采用解杀还杀战术抢先得子。着法如下：

（1）……　前马退5

（2）马四进二　马3进5！

凶着！解杀还杀！

（3）炮八退一　士5进4

（4）马二进三

红方如改走前相退五，则黑方前马进6，仕五进四，马5进4，仕四进五，马4进6，将五平四，炮5平6，黑胜。

（4）……　后马退7

（5）炮一平六　马5进7

（6）前相退五　车4平2

（7）炮八平九　将6平5

（8）帅五平六　车2进1

（9）车二退七　象9退7

至此黑方得子后，调位稳定后方，锁定胜局。

▶ 例五：解将还将得子

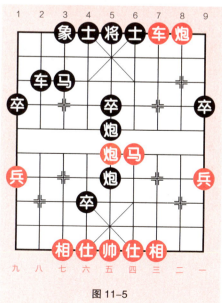

图11-5

图11-5 红先。形势分析：盘面黑方有空头炮优势，车炮卒配合杀势明显。红方有抽将之势，车双炮马配合亦有多种进攻手段，红方借先行之机，用组合战术

进攻，以解将还将抢先得子。着法如下：

（1）马四进五　象3进5

黑方如改走车2进6，则红方马五进三，士4进5，车三平四，红胜。

（2）马五退七　车2退1　　（3）马七进六　车2平4

（4）车三退六　士6进5　　（5）马六退五　炮5退2

（6）炮五进三

解将还将，制胜关键之着。

（6）……　将5平6　　（7）车三进二

红方捉炮，为中炮右移制造二路夹车炮创造条件。

（7）……　车4进1　　（8）车三平五（红方得炮胜定）

▶ **例六：解攻还攻得子**

图11-6 黑先。形势分析：盘面饶有趣味的情况是红方进攻性兵力车马炮毫发无损，但防守性兵力仕相尽没。黑方双车炮已攻入红方腹地。红方防守乏术只好尽力一搏。黑方全力迎战，解攻还攻抢先得车胜势。着法如下：

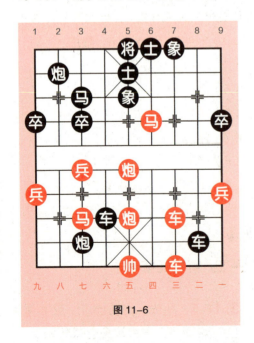

图11-6

（1）……　将5平4！

解抽还杀，是反击常用手段。

（2）前炮平六　炮2进8！

（3）马四退六　车4退2

（4）马六进七　将4平5

黑方如改走将4进1，则红方炮五平六，车4平5，帅五平六，炮2平7，后马进六，士5进4，车三进六，士6进5，马七进八，将4退1，车三平五，红胜。

（5）前马进五　车8平4

（6）马五退七　后车平5！

解将还捉，黑方必得车，胜定。

▶ 例七：解攻还攻得子

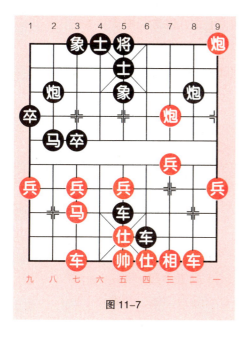

图11-7

图 **11-7** 黑先。形势分析：盘面黑方双车攻中路。红方双炮攻黑方底线。红方弱点是双车在低处，难以发挥攻防作用。黑方双炮马可助攻双车。黑方借先行之机，以解攻还攻战术，发动攻势。着法如下：

（1）……　　将5平6！

解攻还杀，抢先扩势的关键之着。

（2）相三进一　　马2进3
（3）马七退六　　车5退1
（4）车七进二　　炮2进7
（5）马六进八　　炮2平6
（6）车七退一　　马3进5
（7）车七平六　　炮8进6
（8）帅五平六　　车5平2
（9）兵三进一　　马5退3（黑方必得子胜势）

▶ 例八：解攻还攻得子

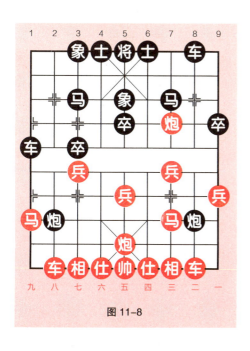

图11-8

图 **11-8** 红先。形势分析：盘面是五八炮进边兵对双炮过河的典型局势之一。红方进右马设计解攻还攻战术抢先得势。着法如下：

（1）马三进四　　炮8平5
（2）炮五平九！

解将还攻是抢先扩势的关键之着。

（2）……　　车8进9
（3）炮九进四　　炮5平1
（4）车八进二　　炮1退2
（5）兵七进一　　象5进3
（6）兵三进一　　车8退4

（7）马四进二！

解捉还捉，进一步扩大优势。

（7）……　马7退9　　　　（8）车八进五　炮1平3

（9）炮九进三　车8平6　　（10）炮九平二　后象进5

（11）相七进五　炮3进1　　（12）炮三进二　马9进8

（13）兵三进一（捉双，红方得子胜势）

▶ 例九：解攻还攻得子

图 11-9　红先。形势分析：盘面红方多兵且兵种配置较好，车双马已形成攻势。黑方中路和左翼车双炮卒配合也有战术利用，红方强用解杀还杀战术一举锁住胜局。着法如下：

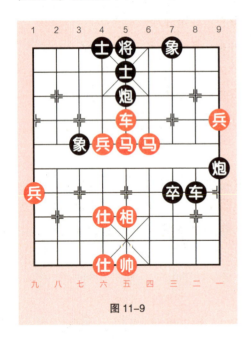

图 11-9

（1）马四进二　炮9平5

（2）帅五平四！

红方解攻还杀，妙着！

（2）……　后炮平8

（3）马二进四　将5平6

（4）车五平四！

此着和前面出帅是解攻还杀的连续动作。

（4）……　象7进5

黑方如改走卒7进1，则红方马四退六，炮8平6，马六进四，车8进3，相五退三，车8平7，帅四进一，卒7进1，帅四平五，士5进6，车四进一，将6平5，马五进六，将5进1，车四进一，将5进1，马六进八，红胜。

（5）马四进二　将6平5　　（6）车四平二　车8平9

黑方如兑车，则盘面为红方双马三兵对黑方双炮卒，红方胜定。

（7）车二进一　车9退3　　（8）相五退三　卒7进1

（9）帅四平五

至此红方得炮后帅归位，稳定后防，红方胜定。

第二节　解攻还攻入局

解攻还攻入局主要是以解杀还杀为主。利用杀法手段在决战的关键时刻达到消除对方杀法，并实现己方入局的目的。解攻还攻入局需要有战术手段配合杀法的技能技巧，在实战中难度较大。

▶ 例一：解将还将入局

图 11-10　黑先。本局选自《梅花谱》上卷。形势分析：盘面双方攻守焦点在中路。黑方的可投入兵力是车双炮马，红方仅有车马炮，黑方的弱点是单象。黑方可采用组合战术，抢先以解将还将入局。着法如下：

（1）……　　马 7 进 6
（2）车五进二　马 6 进 4
（3）车五进一

红方如改走炮五进五，则黑方士 5 退 4，车五退二，炮 2 进 1，炮五退二，车 3 退 1，至此黑方优势。

（3）……　　马 4 进 6！

黑方解攻还攻之着。

（4）车五平八

红方如改走车九进一，则黑方车 3 平 4，车九平四，将 5 平 4，仕四进五，马 6 进 5。至此黑方大胆穿心胜。

（4）……　　炮 8 平 5！

黑方解将还将，入局关键之着。

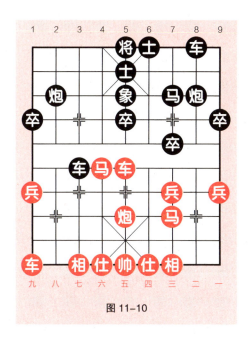

图 11-10

（5）仕六进五　车 3 平 4
（6）车八进二　车 4 退 5
（7）车八平六　将 5 平 4

以下黑方卧槽马胜。

本局黑方连续解攻还攻，解将还将，着法精彩，战法典范。《梅花谱》中有很多范例可供研习。

▶ 例二：解杀还杀入局

图 11-11 红先。本局选自《适情雅趣》之曲突徙薪。形势分析：双方各攻一翼，黑方杀势明显。红方左翼集中双车双炮兵，强攻黑方底线，已隐现杀势。红方可用解杀还杀战术抢先入局。着法如下：

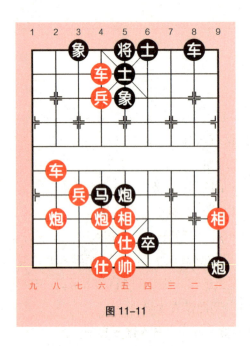

图 11-11

（1）车八平二！

拦车解杀并为炮腾路攻黑方底线还杀！

（1）……　　车8进5

黑方如改走士5进4，则红方车二进五，卒6平7，帅五平四，炮5平6，车六平四，马4进6，车四退五，马6进7，车二退九，红方胜定。

（2）炮八进七　　象3进1
（3）车六进一　　将5平4
（4）兵六进一　　将4平5
（5）兵六进一（红胜）

▶ 例三：解杀还杀入局

图 11-12 红先。本局选自《适情雅趣》之克善尽终。形势分析：盘面双方主战场集中在中路。红方花心是攻防要点。红方借先行之利，以解杀还杀战术入局。着法如下：

图 11-12

（1）车四进一　将 5 平 6
（2）马三进二　将 6 平 5
（3）马一进三　将 5 平 6
（4）马三退五　将 6 平 5
（5）马五进三　将 5 平 6
（6）车六进一　将 6 进 1

黑方如改走士 5 退 4，则红方马三退四，将 6 进 1，马四进二，红胜。

（7）马二退三　将 6 进 1
（8）车六平四　士 5 退 6
（9）前马进五　士 6 进 5
（10）炮五进六！

至此红方炮击中士，解杀还杀胜。以下黑方车 7 平 5，炮五退七，红胜。

▶ 例四：解杀还杀入局

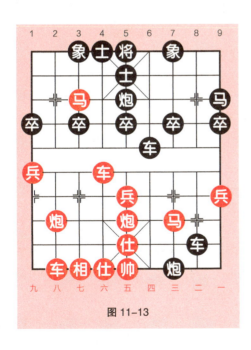

图 11-13

图 11-13　红先。本局选自《橘中秘》得先类大列手炮。形势分析：盘面红方攻中路，黑方攻红方右翼底线，双方争夺的焦点是肋道控制权。红方可投入兵力是双车双炮双马，而黑方只有双车双炮，红方可用解杀还杀制胜。着法如下：

（1）炮五进四　将 5 平 6
（2）炮八平四！炮 5 平 6
（3）马三进四　车 6 平 7
（4）马四进二　炮 6 平 5

黑方如改走车 7 平 6，则红方马二退三，炮 6 进 5，仕五进四，车 8 进 1，马三进四，炮 7 平 4，帅五进一，炮 4 平 2，马四进三，将 6 进 1，马七进六，士 5 退 4，车六平四，红胜。

（5）车六平四　将6平5　　　（6）帅五平四　车8退4
（7）车八进二　炮7平9　　　（8）炮四平三！
红方解杀还杀，一锤定音。
（8）……　车7平6　　　　（9）车八平四（红胜）

▶ 例五：解杀还杀入局

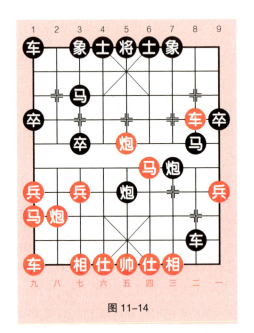

图11-14

图 11-14　黑先。本局选自《梅花谱》上卷。形势分析：盘面双方均摆空头炮，红方有抽将之势，黑方有战术杀法组合进攻手段。黑方借先行之机，采用组合战术以解杀还杀锁定胜局。着法如下：

（1）……　马8进6
（2）炮八进四

红方如改走车二退五，则黑方马6进7双杀胜。

（2）……　马6进4！

解杀还杀，精妙之着。

（3）炮八平五　马4退5
（4）炮五退三　炮7平5！

黑方解将还将，是前面解杀还杀的后续手段。

（5）炮五平二　马5进7（黑方胜定）

本局是解杀还杀、解将还将的典范之作。

▶ 例六：解杀还杀入局

图 11-15　红先。形势分析：盘面黑方以沉底炮为核心，组织双车马强攻帅府，红方已入绝境。但黑方后防空虚，红方双车双炮马兵，形散神不散，可用解杀还杀战术串起，红方左右夹击，抢先入局。着法如下：

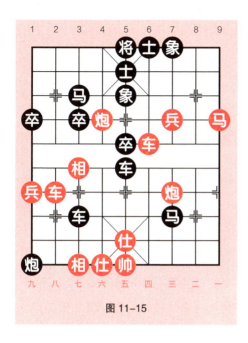

图 11-15

（1）炮六平五！

红方解杀还杀，一击中的，扭转乾坤。

（1）……　　马3进5

黑方如改走车5平7，则红方车四进四，将5平6，马一进二，将6平5，马二退四，红胜。

（2）车八进六　　士5退4
（3）车四进四　　将5平6
（4）车八平六　　将6进1
（5）车六退一　　将6退1
（6）马一进二　　将6平5
（7）马二退四　　将5平6
（8）炮三平四　　车5平6
（9）车六平五　　马5退7
（10）兵三进一　　车6进1
（11）车五进一　　将6进1
（12）兵三进一　　将6进1
（13）车五平四（红胜）

▶ 例七：解杀还杀入局

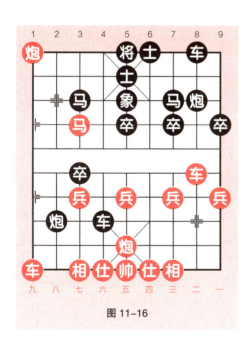

图 11-16

图 11-16　红先。形势分析：盘面黑方多一子。双方战斗集中在黑方右翼。红方有沉底炮攻势，黑方肋车据守要道。红方可在黑方右翼集结优势兵力，强攻黑方底线，用组合战术进攻，以解杀还杀入局。着法如下：

（1）马七进九　　马3退1
（2）车二平七　　象5进3

黑方如改走炮2平3打车，则红方炮五平八，将5平4，车七进五，将4进1，马九退七，炮3退4，车九进八，将4进1，车七退二，红胜。

（3）车七进一　　炮8平1

（4）车九进七　炮2进2　　　　（5）炮五平八！

解杀还杀，精妙之着。至此红胜。

▶ 例八：解杀还杀入局

图 11-17　黑先。形势分析：盘面红方双车炮配合可有大胆穿心杀势。黑方炮双车配合在中路有铁门栓杀势。现黑方借先行之机，谋划解杀还杀战术抢先夺优入局。着法如下：

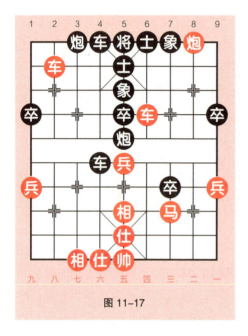

图 11-17

（1）……　　前车平5
（2）车四进二　车4进6
（3）车八平五　将5平4
（4）车五平七　车5平3！

解杀还杀，精妙之着。至此黑方已完全控制局势。

（5）车七进一　车3退5
（6）马三进五　车3进6
（7）马五进六　车4退2
（8）车四进一　将4进1
（9）车四平六　将4平5
（10）车六退四　车3平6
（11）车六进四　象7进9
（12）车六退五　炮5进2
（13）车六平二　将5平6　　（14）车二退四　卒7进1（黑方胜定）

▶ 例九：解杀还杀入局

图 11-18　红先。形势分析：盘面双方战斗集中在中路和黑方左翼。黑方弱点是缺象，从而加大防守压力。右车虽捉边马但困于一隅，对主战场的攻防影响甚微。红方双车双炮集中于黑方左翼，可用组合战术进攻，以解杀还杀入局。着法如下：

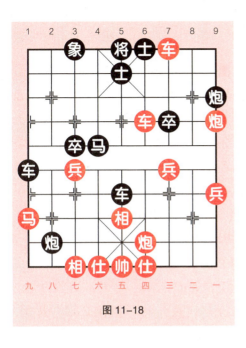

图 11-18

（1）车四退一　马4退5
（2）车四平七　象3进1
（3）车七平八　炮2平4
（4）炮四平五　车5进1
（5）马九进七　炮9进4
（6）车三平二　车5平6
（7）车八进四　炮4退8
（8）炮一进三！　炮9进3
（9）车二退九！（红方解将还将胜）

▶ 例十：解攻还攻入局

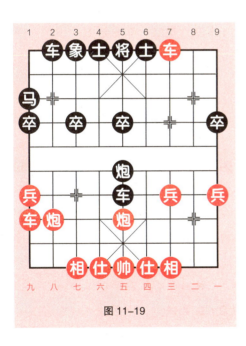

图 11-19

（5）车九平六　士5进4

图 11-19　红先。本局选自《橘中秘》得先类。形势分析：盘面双方的主战场在中路，骤看黑方强势占先，但黑方只有车炮配合，后续兵力跟不上，而黑方中路防守较弱并缺象。红方双车双炮形散神不散，可集中优势兵力强攻中路，解攻还攻入局。着法如下：

（1）炮五退一！　车5平7
（2）炮八平五！

红方先退炮后，再平中炮弃车是连续的解攻还攻之着。

（2）……　车7退6
（3）后炮进三　士4进5
（4）后炮进四　将5平4
（5）车六进五（红胜）

▶ **例十一：解攻还攻入局**

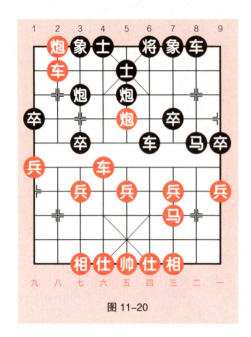

图 11-20

图 11-20 黑先。本局选自《橘中秘》得先类大列手炮现代解说。形势分析：盘面红方双车双炮配合威胁将府，战斗焦点是黑方中心士。红方由于倾巢而出后防空虚，黑方左侧集结重兵，可用解攻还攻战术反先。着法如下：

（1）……　炮 5 进 4！

解攻还攻！反先关键之着。

（2）马三进五

红方如改走车八平五，则黑方炮 5 退 5 打车还将，然后再炮 3 平 6 解困，全局胜势。

（2）……　车 6 进 5
（3）帅五进一　马 8 进 6
（5）车六进二　车 8 进 8
（7）车六平五　车 6 退 4
（4）帅五平六　马 6 退 5
（6）仕六进五　炮 3 平 4
（8）帅六退一　车 8 平 5（至此黑胜）

▶ **例十二：解攻还攻入局**

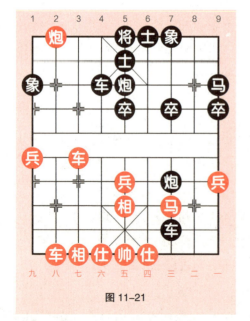

图 11-21

图 11-21 红先。本局选自《梅花谱》下卷列手炮。形势分析：盘面红方双车炮攻黑方右翼底线。黑方双车双炮攻红方中路和右翼。红方借先行之机，以解攻还攻战术抢先入局。着法如下：

（1）炮八平九　车 7 退 1
（2）车八进九　士 5 退 4
（3）车八退一　士 4 进 5
（4）车七进五　士 5 退 4
（5）相五进三！

解攻还攻之着,既解除黑方炮5进4击中兵的威胁,又伏抽车。

(5)……　车7进2　　　　　(6)车七退二　士4进5

(7)车八进一　车4退2　　　(8)车七进一

至此红方下一手车七平六后双将胜。黑方已无法抵抗。

▶ 例十三：解攻还攻入局

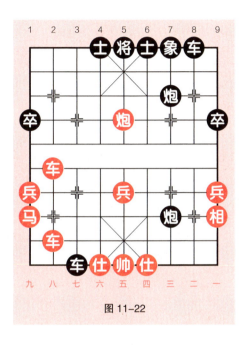

图11-22

图 11-22　黑先。本局选自《梅花谱》。形势分析：双方兵力相等,红方有空头炮和双车配合对黑方威胁甚大。黑方左翼车双炮战术配合手段较多,解决中路冲突是局势发展的主要矛盾,黑方借先行之得以解攻还攻战术抢先入局。着法如下：

(1)……　车8进7

(2)前车进三　前炮平5！

黑方解攻还攻之着！夺回中路攻防主动权。

(3)炮五退四　车8平5

(4)仕四进五　炮7平5

(5)前车退五　车5退1

(6)帅五平四　车5平6

(7)仕五进四　车3平4　　(8)帅四进一　炮5平6（黑方胜定）

▶ 例十四：解攻还攻入局

图 11-23　红先。形势分析：盘面红方中路有强烈攻势。黑方的弱点是窝心马难以跃出。红方进攻的障碍是黑方过河卒。同时黑方在7线也有反击手段。红方以组合战术进攻以解攻还攻战术入局。着法如下：

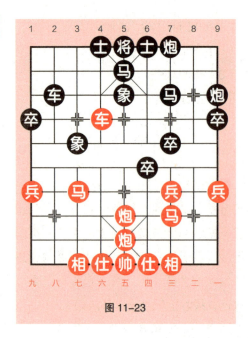

图 11-23

（1）车六平四　卒 7 进 1
（2）兵三进一　马 7 进 8
（3）兵三进一　炮 9 平 7

黑方如改走马 8 进 7，则红方前炮进三，炮 9 平 7，后炮平四，卒 6 平 5，炮四平二，前炮平 8，炮二平三，车 2 平 4，炮三进二，炮 7 进 6，马七进五，车 4 进 2，炮五进一，车 4 平 5，仕四进五，车 5 退 1，车四平五，红方得车胜。

（4）后炮平四！

红方解攻还攻之着。

（4）……　　卒 6 平 5
（5）马七进五　马 8 进 7
（6）马五退四（红胜）

第三节 解攻还攻抢先

解攻还攻抢先主要是利用战术手段取得在关乎局势发展的主战场上的主动权。

▶ 例一：解杀还攻抢先

图 11-24　黑先。形势分析：盘面双方各攻一翼，红方双炮马兵联动的卧槽马杀势是当前主要矛盾。红方左翼兵力未动，全盘已少一车是局势发展的重要隐患。现黑方可借多子及左翼 7 线攻势，采用解杀还攻渡过危机，抢夺先手优势。着法如下：

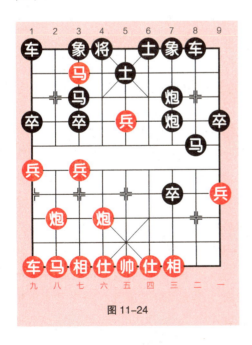

图 11-24

（1）……　　马 8 退 6！

黑方解杀还攻是解决红方卧槽马杀势的佳着！

（2）炮六进二　车 8 进 7
（3）相三进五　前炮平 5
（4）仕六进五　马 6 进 5
（5）炮六退三　炮 5 进 4
（6）帅五平六　马 5 进 3
（7）炮六进二　马 3 进 2
（8）帅六进一　炮 5 退 2

至此黑方通过一系列解攻还攻手段，消除红方卧槽马杀法。且先手在握，多子锁定胜局。

▶ 例二：解攻还攻抢先

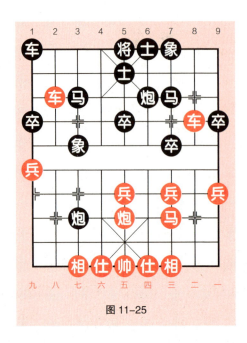

图 11-25

图 11-25 红先。形势分析：盘面黑方双炮分捉红方车马。鉴于红方双车位置较好，黑方右车未动，左马弱点明显，红方可采用解攻还攻战术抢先。着法如下：

（1）炮五进四！

佳着！既解除捉双，又抢先得卒。

（1）……　　马3进5

（2）车二平五　　象3退5

（3）车八退二　　炮3退1

（4）车五平四　　炮3退2

黑方如改走炮3平7，则红方相三进一，象7进9，车四退三，马7进8，车八进一后有平二捉马，黑方有失子危险。

（5）车四平三　　马7退8

（6）车三平六　　车1平3　　（7）兵五进一

至此黑方全局受控，红方中兵挺进，后马助战，红方续有多兵优势，胜望甚浓。

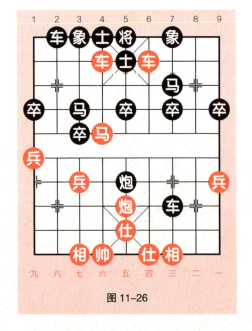

图 11-26

▶ 例三：解捉还捉抢先

图 11-26 红先。形势分析：盘面黑方多一子，但兵力较为分解，中路薄弱，红方双车卡肋，马位优越，在中炮支援下可有多种战术动作。现红方利用解捉还捉抢先。着法如下：

（1）马六进七！

解捉还捉，红方如改走马六退五，则黑方车7平5，相三进五，马3退4，黑方优势。

（1）……　　车2进2

（2）车四退一！

解捉还捉，确立优势的关键。

（2）……　　车7平5　　　　（3）车四平三　象7进5

（4）相三进五　车2平3　　　（5）车三退一　马3进5

（6）车三平一　象5退7　　　（7）车六退四　车3平4

（8）车六进三　士5进4　　　（9）车一平四

至此黑方中路马炮被牵制，红方边兵可渡河已占优势。

▶ 例四：解捉还捉抢先

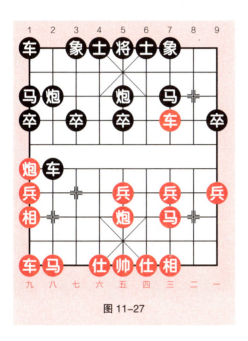

图 11-27

图 **11-27**　红先。本局选自《橘中秘》得先类。形势分析：盘面双方战斗在红方左翼。战斗攻防主要矛盾是红方河沿炮右移的问题，红方可用组合战术反击，先进马解捉还捉逐车，再挪炮解捉还捉护马争先。着法如下：

（1）马八进七！车2平6

（2）车九平八　炮2平3

（3）马七进八　车6进2

（4）马八进六　炮3平4

（5）炮九平三！

至此红方平炮护马，暗伏打马得子。以下红方可炮五进四，士4进5，车八进八，红方优势。

▶ 例五：解捉还捉抢先

图 **11-28**　黑先。形势分析：盘面双方战斗集中在中路及红方左翼。黑方集结双车炮马卒的优势兵力。红方中路空虚，左右两翼不协调，左翼车双炮兵难于形成有效攻击，现黑方利用解捉还捉战术摆脱牵制抢先。着法如下：

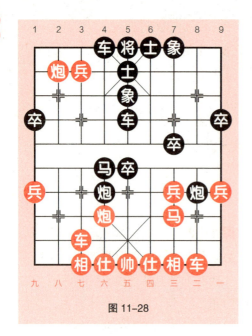

图 11-28

（1）……　马4进2！
（2）车七进二　炮4平5！

黑方利用解捉还捉抢先扣空头炮。

（3）炮六平九　马2退3
（4）炮八退五　马3进2
（5）车七平八　车5平3
（6）车八进五　车4进7（黑方胜势）

▶ 例六：解杀还杀抢先

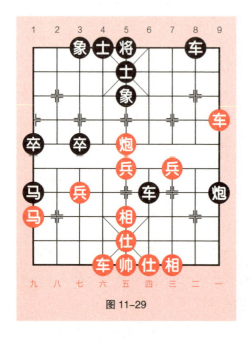

图 11-29

图 11-29　红先。形势分析：盘面红方炮镇中路和双车配合有攻杀手段。黑方左翼双车炮和右翼边马也可成夹击之势，有强硬的战术手段，现红方借先行之利进行激烈的对攻，以解杀还杀入局。着法如下：

（1）车六进八　马1进3
（2）车一平六　将5平6
（3）炮五进三　车8进8

黑方此着伏有车8平5，仕四进五，炮9进3，相三进一，车6进3，大胆穿心杀法。

（4）炮五平四！

精妙之着！解杀还杀，拦将解除黑方大胆穿心的杀法，同时伏有前车进一，将6进1，后车进二，将6进1，前车平四杀的手段。

（4）……　　象5进7　　　（5）前车进一　将6进1
（6）后车进二　将6进1　　（7）前车平四　将6平5
（8）车四退六（红方得车胜势）

第十二章

实战组合战术选粹

在实战对局中要使战术攻击取得实效,并能使攻势持续深入发展,必须是战术的组合使用。连续打击,环环相扣形成锁链,才能陷对方于困境,置对方于死地。组合战术在正确大局观指导下能更精准发挥打击的威力,更充分展示象棋艺术的魅力。把握战术进击的次序和节奏,掌握战术环节的衔接和过渡的能力是棋手战术素养提升的标志。

本章评述的重点在于:点出细节,品味战术妙趣;讲评要点,掌握组合战术攻防技巧;难点在于:概括思路,悟出组合战术真谛;提升战术素养。

第一局

图 12-1 是第一届全国个人赛李义庭对杨官璘弈成的中局形势。双方兵力相等。红方有中兵渡河。黑方车炮和马脱节，黑马灵活性差。红方可借此微隙展开战术进攻。着法如下：

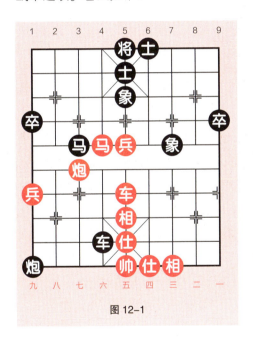

图 12-1

（1）马六进七　车4退6
（2）车五平八

红方伏兵五平六捉马。

（2）……　马3进5
（3）车八进六　士5退4
（4）马七退六　士6进5

黑方如改走马5退3，则红方炮七平六，车4平2，车八平六，将5进1，仕五进六，车2进7，帅五进一，车2退1，帅五退一，马3进2，马六进七，将5平6，炮六平九。至此红方既腾车路，又兑炮解攻还攻。黑方炮1退4，兵九进一，红方胜势。

（5）炮七平六

红方要着，既捉车，又拦黑马归路，为八路车捉马创造条件。

（5）……　车4平1　（6）车八退六

至此红方车马可看作一个大型顿挫，迫黑方车马位置变坏。

（6）……　象7退9　（7）车八平五　马5退7
（8）兵五平四

至此形成兵捉马，车马配合捉象的捉双的局面。

（8）……　车1平2　（9）仕五进六　马7退8
（10）马六进五　象9退7　（11）马五进七　将5平6

（12）炮六平四　士5进6　　　（13）车五进六　将6进1
（14）马七退五

红方伏有车五平四，将6平5，炮四平五弃马，将5进1，兵四平五，将5平4，车四平六入杀的手段。

（14）……　车2进3　　　　（15）相五进七

扬相拦车腾挪，精妙之着，胜定。

本局红方利用黑马的弱点采用捉、兑、拦、顿挫的组合战术迫黑方就范，着法细致沉稳，战术衔接流畅自然，表现名家风范。

第二局

图 12-2　是孟立国对胡荣华弈成的中局形势。双方激战的焦点在三路线呈互牵之势。红方的突出弱点是花心车看似在明处，实则是阵形结构明显缺陷的所在。现黑方把三路线红马和花心车联系起来用组合战术攻击。着法如下：

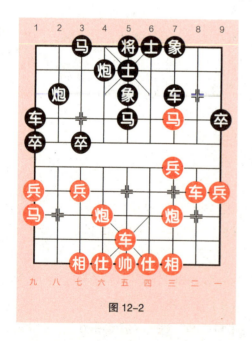

图 12-2

（1）……　象5进7

黑方此着弃象既围红马，又为右炮平中腾挪。

（2）兵三进一　马5进7

黑方此着吃兵既紧围红马，又为1路边车和2路炮腾挪亮路。

（3）车二平五　车1平6
（4）后车平八　炮4进2

此着既捉红马，又有炮平中牵车的棋。

（5）炮六平五　炮4平7
（6）炮三进四　车7进1
（7）车八进四　炮2平5
（8）车八平七　马3进4
（9）炮五进五　象7进5

（10）车七平九　马7进6

至此黑方强兑中炮后净多一子。现在马扑卧槽，多子占优胜定。

本局黑方以围捉红马为重点，先后使用了弃象腾挪、马河头去卒腾挪，车拦马为炮平中创造条件，再从容得马并强兑中炮简化局势制胜。其构思意境深远，战术组合运用得心应手体现名家风范。

第三局

图 12-3 是胡荣华在苏州参加表演赛弈成的中局形势。红方右车压马，七兵渡河，可有挺三兵的后续手段。黑方车炮封住红方左翼车马炮且串捉红方炮马，红方解脱左翼被封是当务之急。红方利用先弃后取战术抢先亮左车再续攻黑方左翼。着法如下：

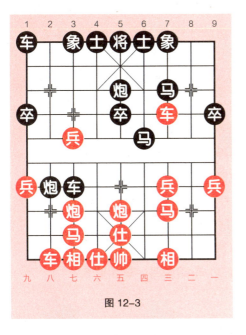

图 12-3

（1）车八进三　车3进1

黑方如改走车3平2，则红方炮七进七，车1平3，马七进八，红方利用先弃后取的兑子战术得象过兵，大优。

（2）兵三进一　象7进9

黑方如改走车3进1，则红方兵三进一，马6进4，车八平六，车3退3，相七进九，车3平2，车三进一，红方利用先弃后取、捉、逐等战术手段，得回失子并保持对黑方左翼的压力。

（3）车八平四　车3退3

（4）马七进八　车3平4

（5）兵三进一　象9进7

（6）马三进二

至此红方必得子，胜势。

本局红方在精确的形势判断基础上，利用先弃后取战术抢先解决左翼被封的车马炮，车抢占兵行线要点，转而利用战术组合手段攻黑方右翼双马，战术衔接紧密，行子次序严谨。

第四局

图 12-4 是昆化杯大师赛柳大华对言穆江弈成的中局形势。黑方双车双炮均已攻到红方腹地，但后方双马很难续进，前后脱节，且后方空虚，前方没有有效战术手段。红方双车双炮马利用黑方后方空虚、中防薄弱之机可用组合战术攻城拔寨。着法如下：

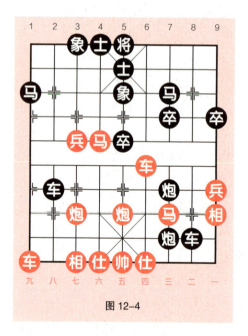

图 12-4

（1）炮五进五　象3进5

（2）马六进五　马7进5

（3）车九进七

至此红方搏双象后夺得黑方边马，是常用战术手段。并且九路车迅速投入战斗。

（3）……　前炮进1

（4）仕四进五　前炮平9

（5）帅五平四　卒5进1

（6）马五进七　马5退4

（7）炮七平五

红方妙手，解攻还攻，炮镇中路牵卒并成铁门栓杀势。

（7）……　车8进1

（8）帅四进一　车8退9　　（9）车四进四　车2退6

（10）车九平二

红方先进车要大胆穿心，迫黑方退右车，再边车平二借杀捉车，迫黑方左车躲于暗处，战术犀利。

（10）……　车8平7　　（11）车二平四　炮7平5

（12）马三进五　士5进6　　　（13）车四平六　将5平6
（14）炮五进二　炮9平3　　　（15）车六进一

红方连弃双车是预谋之着，此着弃车还含有腾挪马路之意。

（15）……　车2平4　　　（16）炮五平四　士6退5
（17）马五进四　士5进6　　　（18）马四进三

以上红方弃车平炮叫将腾马路，再进马抽将成双将胜。

本局红方7回合炮七平五解攻还攻是攻守高潮，是局势急转直下的焦点。以下运双车攻杀，再弃双车运用腾挪战术入局制胜。

第五局

图 12-5　是李来群对赵庆阁的对局。弈成的中局形势。双方阵形看似稳定，细推敲可以发现黑方中路薄弱，河沿一线红方车牵住黑方马炮卒三子，而且从以后发展看河沿马的灵活性受到极大限制。现红方根据黑方河沿马的弱点采取组合战术进击。着法如下：

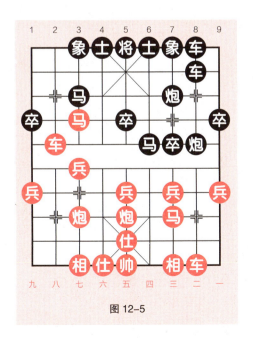

图 12-5

（1）兵三进一　象7进5
（2）兵三进一　象5进7
（3）马三进四　炮8平9
（4）车二进八　车8进1
（5）炮五平一

以上红方紧盯黑方河沿马先逼黑方兑车，再迫黑方兑炮。红方如改走兵一进一，则黑方车8进4，交换马炮后双方平先。因此红方炮五平九逼兑黑炮是后中先的战术。

（5）……　炮9进3
（6）相三进一　车8平6
（7）炮七平四　炮7进1
（8）车八平七　马3退1

（9）马七进八

红方妙手！用炮牵住黑方车马现进马逼兑，转攻右翼。

（9）…… 车6平2　　　　　（10）车七平四　士4进5

（11）车四平三　炮7平8　　（12）车三平二

至此红方围困得炮，锁定胜局。

本局红方在利用河沿一带车牵马炮卒的战术前提下，针对黑马两次逼兑车炮，特别是逼兑炮的后中先难度很大，然后造成肋道炮马牵住黑方车马，最后两次逼兑马造成围困捉炮胜。

第六局

图 12-6　是李来群对徐宝坤弈成的残局的形势。

黑方多一卒缺双象。双方车均在捉马。红方抓住黑方缺象的弱点，趁先行之机，发动组合战术进攻入局。着法如下：

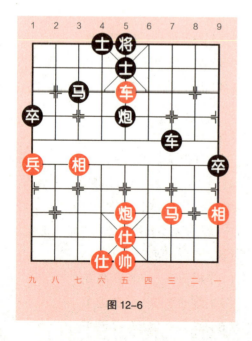

图 12-6

（1）车五平七　车7进3

（2）车七平五　车7退4

（3）车五平四

红方先行兑马，再顿挫捉炮，迫黑车回防后抢占肋道，形成铁门栓杀势。

（3）……　卒9进1

（4）帅五平四　车7退3

（5）相一进三　卒9平8

（6）炮五进三

红方调整阵形后，黑方底车被禁控，中炮受牵制。红方进中炮围困黑炮缩小其活动空间。

（6）……　卒8平7

（7）车四退一　炮5退1

（8）炮五进一　车7平8　　　（9）相七退五　卒7进1
（10）相五退三　卒7进1　　（11）前相退五　车8平7
（12）车四进一

至此红方调整双相消除黑方的杀法后，进车捉死炮胜定。

本局红方利用兑子、顿挫造成铁门栓杀势，然后利用禁控，牵制从容调整防御阵形后得炮入局。其禁控和牵制的组合应用显示大师高明的战术意识，良好的战术素养。

第七局

图 12-7　是徐天利对吕钦弈成的中局形势，轮黑方走。现双方兵力相等，红方多一兵且已过河，看似红方占优，但在棋盘左侧双方车马炮互缠。黑方仔细判断形势后，采取弃车换双，夺取优势，以组合战术迎来胜利曙光。着法如下：

（1）……　炮3退2
（2）马八退六　马3进4！

黑方弃车换双是反先的关键。如改走炮3进6，则红方相五退七，马3退2，车三进三，黑方虽多得一相，但红车控制兵行线后，盘面多一兵，红方好走。

（3）车八退一　炮3进1
（4）车三进三

红方如改走车八退一，则黑方炮3平5，帅五平四，车9退1，车三进二，车9平6，仕五进四，车6退3，车八退四，炮5平6，帅四平五，马4进6，帅五进一（红方如改走车三平四，则黑方炮6平5将军抽车），炮6平5，至此黑方胜势。

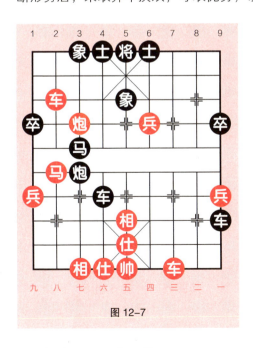

图 12-7

（4）……　车9进2
（5）相五退三　马4进3

（6）**帅五平四　炮3进5**　　　　　（7）**帅四进一　车9平8**

至此黑方车马炮左右夹击，连珠妙着！残去红相，迫红帅不安于位。

（8）**车八退六　马3退5**

黑方回马捉车，先手腾挪。

（9）**车三平五　车8退1**　　　　　（10）**帅四进一　车8退1**

（11）**帅四退一**

黑车直接将军顿挫，先手保马。

（11）**……　炮3平7**　　　　　　（12）**车八进二　车8进1**

（13）**帅四进一**

红方如改走帅四退一，则黑方马5进7，车八平一，车8退5捉双，车一平四，炮7平9，车四平三，炮9退1，至此红方必须弃车砍马，黑方底车将军，红方必失车。

（13）**……　车8退3！**

黑方为顿挫妙手！伏车8平6，帅四平五，炮7平5将军抽车。

（14）**帅四退一**

红方如改走帅四平五吃马，则黑方车8进2，仕五进四，炮7退2抽车。

（14）**……　车8平6**　　　　　　（15）**仕五进四　马5进4**

（16）**帅四退一　炮7退2**　　　　（17）**车八进一　车6进2**

（18）**帅四平五**

至此黑方连续催杀，闪展腾挪，顿挫声声，妙着连珠，摧毁红方全部仕相。

（18）**……　马4退3**　　　　　　（19）**车五平四　车6平5**

（20）**帅五平四　马3退4**　　　　（21）**车八平五　车5平4**

（22）**车四进一**

红方如改走车五平六继续兑车，则黑方马4进6，踏车后形成兑车局面红方立败。

（22）**……　马4进5**　　　　　　（23）**帅四平五　车4进2**

（24）**帅五进一　马5进3**　　　　（25）**帅五平四　炮7平1**

（26）**车四平八　车4平7**　　　　（27）**车八退三　车7退1**

（28）**帅四退一　车7退1**　　　　（29）**帅四进一　马3退5**

以下黑方借杀捉车胜定。

本局黑方弃车换马后，车马炮左右夹击闪展腾挪，顿挫连连，组合战术连续攻击使红方双车疲于奔命。其连珠妙着，真是赏心悦目，给人以艺术美的感受。

第八局

图 12-8 是吕钦对郭长顺弈成的中局形势。盘面红方多一炮一兵，缺象。黑方双车炮马云集右翼，但很难有战术展开。红方借多子多兵之机，采用组合战术迅速夺得胜势。着法如下：

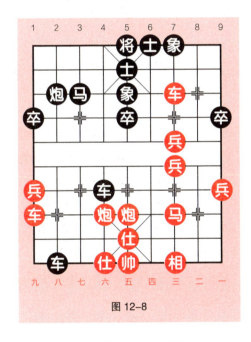

图 12-8

（1）车九平七　马3进2
（2）炮五进五！象7进5
（3）车三平五

红方炮搏双象，摧毁黑方中防抢先，是常用战术。

（3）……　车4平3
（4）车七进一　马2进3
（5）车五平七　车2退3
（6）马三进四

红方迫黑方兑车后，先手捉马，现进马腾炮路，优势扩大。

（6）……　马3退5
（7）炮六平二　车2平8
（8）车七平八　车8进1

（9）车八进二！士5退4
（10）车八退三！士6进5
（11）车八平五

红方迫黑方兑炮后先手顿挫，吃卒捉马、卒，已成胜势。

（11）……　马5退3
（12）车五平七　马3进5
（13）车七退二　马5退4
（14）车七平六　马4进2
（15）车六平八　马2退4
（16）马四进六

至此红方通过连续捉马调整车位，迫黑马位置变坏，全局无还手之力。现策马进攻胜券在握。

本局红方在多子多兵的形势下，大胆炮换双象，紧握先手，利用捉子、腾挪迫黑方两次兑车、兑炮，再用顿挫先手得中卒，迫黑马位置变坏。战术刚柔并济，弈来得心应手。

第九局

图 12-9 是吕钦对柳大华弈成的中局形势。黑方左翼兵力结构缺陷明显。红方可借此发动战术攻击。着法如下：

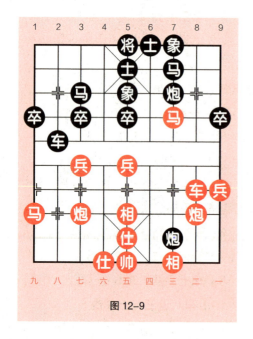

图 12-9

（1）马三进五　马7进5

（2）车二平三　后炮进1

（3）车三退二

红方兑换马炮赚象是常用战术。此着更为深远的意义是红车完全禁控黑方马炮象，造成黑方左翼阵形瘫痪。

（3）……　卒5进1

（4）兵七进一　车2平3

（5）兵五进一

红方弃七兵造成牵制后，巧进中兵。黑方右马危矣。

（5）……　卒1进1

（6）兵五平六　车3平4

（7）炮七进五　卒1进1

（8）车三进三　卒1进1

（9）马九进七　车4进2

（10）车三平八　将5平4

（11）炮二进六　士5进6

（12）炮二平九（红方二路夹车炮胜）

本局红方马炮兑换后形成的禁控是难点，以下弃兵牵制，巧过中兵得马后，一连串通过捉子运车马，攻黑方右翼，腾挪炮路，形成二路夹车炮。足见"快刀"吕钦的非凡功力。

第十局

图 12-10 是赵国荣对刘凤君以中炮横车对屏风马双炮过河布阵的前中局形势。现黑方马 7 进 8 跳外肋马后，车马炮在一条线上。红方抓住此弱点展开攻击。着法如下：

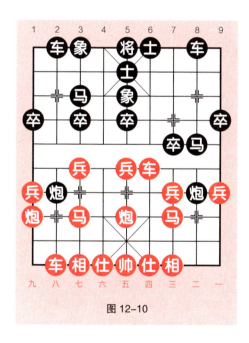

图 12-10

（1）炮五退一！　马 8 进 7
（2）炮五平三　炮 8 进 1
（3）相七进五　车 8 进 6
（4）车四退一

至此红方退中炮伏平二牵车马炮，迫黑马踩兵，然后用围困、捉双战术得马。

（4）……　炮 2 进 2
（5）车四平三　车 8 平 7
（6）炮三进二　卒 7 进 1
（7）炮三平二　卒 7 进 1
（8）炮二进四　象 5 退 7
（9）马三退五

至此红方巧妙用互捉战术化解黑卒捉双的困境。

（9）……　炮 2 退 2
（10）马七进八　炮 8 退 1
（11）马五进七　车 2 进 4
（12）仕六进五　卒 7 平 6
（13）兵九进一　卒 3 进 1
（14）兵七进一　车 2 平 3
（15）车八进二　炮 2 平 3
（16）马八进九　车 3 退 1
（17）马九进八　车 3 进 1
（18）炮九进一

至此红方先用兑子战术拦车，跳出窝心马，然后挺边兵预设进炮串打。马踏边卒抢先顿挫，调位至钩子马位置，再进炮串打。不但巩固多子优势还抢到进攻先手。

（18）……　炮 8 进 1
（19）炮九平四　炮 3 平 9

（20）炮四退一　炮9进3　　　（21）马七进六　车3平4
（22）车八进五　车4进1　　　（23）车八平七　炮8平5
（24）仕五进六　炮5退1　　　（25）车七进二　士5退4
（26）车七退六　车4进2　　　（27）炮四进三　车4退6
（28）马八退七　车4平6　　　（29）炮四平九

至此红方三子归边，盘面多一子胜定。

本局红方先用牵制围困捉双得子，再用互捉兑子解困后防，用顿挫串打兑子发起进攻制胜。

第十一局

图 12-11 是蔡翔雄对赵国荣弈成的中局形势。红帅不安于位，过河马兵灵活性和联系性均差，后方车马双炮阵形结构不协调。黑方过河炮马卒压制红方左翼，但进攻力量不足。现黑方可采用组合战术迅速组织后方车马炮投入战斗，扩大战果。着法如下：

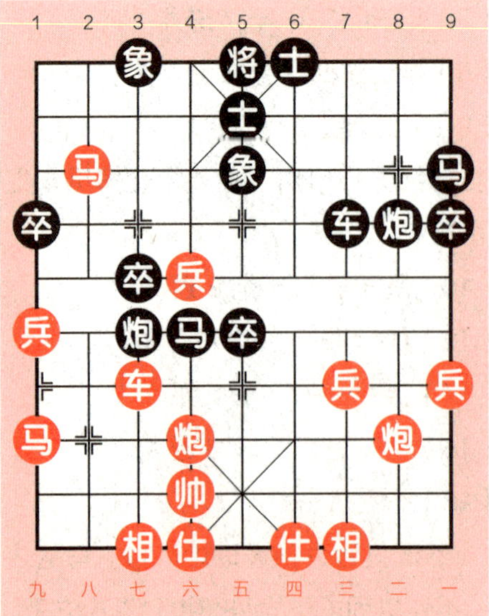

（1）……　车7平2！

黑方带有战略进攻性质的一手棋，抢先捉马，并为9路边马腾路，更深一层意思是牵制红方车马的动向，瞄住闷杀。

（2）马八退六　马9进7
（3）马六退四　炮8进3！
（4）车七退二

黑方利用右车牵制之势，进左炮逐车，压缩红方防御空间。

（4）……　炮3进2！
（5）马四进六　士5进4
（6）炮二退一

黑方双炮轮番进击，强逐车炮精妙

图 12-11

之至。红方如炮二平七，则黑方炮8进1打死车。

（6）……　士6进5　　　　　（7）兵六平七　车2进3
（8）马六退五　车2平5　　　（9）马五进六　车5平7

黑方利用捉马顿挫，抢先平车7路要抽吃红炮。

（10）仕六进五　马7进6　　（11）车七平八　车7进2
（12）马六退五　车7平8　　（13）兵七平六　车8平7
（14）车八进三　车7进1！

黑方弃马吃相为左翼马炮进攻腾路。

（15）车八平六　马6进5　　（16）马五退四　炮8进2
（17）帅六退一　车7平6　　（18）马四退五　车6平5
（19）帅六平五　马5退4

至此黑方用先弃后取战术换掉车马，并残去红方仕相，保持多子优势，形成胜势局面。

本局黑方左右夹击，稳步进取，利用捉、逐、拦、弃、顿挫组合战术动员己方兵力进攻，压缩敌方防御空间，次序的把握、环节的过渡令人印象深刻。

第十二局

图12-12 是徐天红方对朱祖勤弈成的中局形势。双方兵力相等，黑方多中卒，黑方的弱点是肋马灵活性差，进攻兵力过河车炮和后方兵力脱节。红方整体防守兵力协调，双边马已活。现边兵对峙。红方利用黑马弱点，采取组合战术争先。着法如下：

（1）车八平二！

红方弃边兵兑车是后中先的佳着。

（1）……　卒1进1　　　　（2）车4进3　车8退1
（3）马一进二　炮5退2　　（4）马二进四　象7进5
（5）炮八进四　卒1进1

黑方如改走马4进5，则红方马四进三，炮4平7，炮八平五打中卒、伏捉马

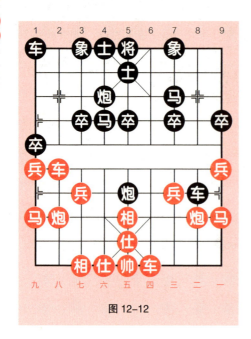

图12-12

和帅五平四铁门栓杀，红胜。

（6）炮八平六　卒1进1

（7）炮二进四　车1进5

黑方如改走卒7进1，则红方马四进三，炮4平7，车四进三仍可镇中炮，黑方难以应对。

（8）马四进三　炮4平7

（9）炮二平五

至此红方经过两次兑马现已炮镇中路，形成铁门栓杀势。

（9）……　　车1平8

（10）帅五平四　车8进4

（11）相五退三　车8退9

（12）车四进二　炮5进1

（13）炮六退二

至此红方借铁门栓杀势限制黑车于底线，运车捉炮，回炮拦炮，伏炮平八再沉底后的天地炮杀势。

（13）……　　卒3进1

（14）车四进三　卒3进1

（15）炮六进一　炮5平8

（16）炮六平八　炮8退2

（17）炮五退一　卒7进1

（18）炮八进四　炮8平5

（19）车四退二

至此红方围捉死炮胜定。

本局红方主要利用兑子战术：一次兑车，两次兑马，形成铁门栓杀势，再组合运用限制、拦、围困战术得炮胜。

第十三局

图12-13　选自古谱《橘中秘》。盘面双方布局就绪，兵力已全部出动。有趣的

是阵形结构完全相同，只是方向相反。红方可借先行之利，展开组合战术攻击。着法如下：

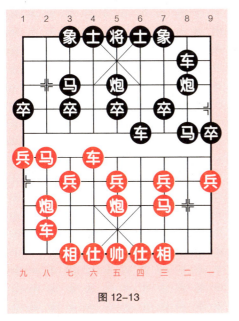

图 12-13

（1）马八进六　车8平4
（2）车八平六　车4进2

黑方如改走炮5平4则红方马六进七，士6进5红方得马。

（3）马六进八！车4进2
（4）马八进七　车4退4
（5）车六进七

红方策马腾挪兑车，抢先卧槽得回车后，保持抽将的先手。

（5）……　　士6进5
（6）车六退三　将5平6
（7）车六平四　炮5平6
（8）炮五平四　将6进1
（9）车四进二　将6进1

（10）炮八退一

至此红方抽将得车做杀，再弃车砍炮，现退左炮叫杀，黑方无解。

本局红方借马使车炮，腾挪、兑子、抽将、弃车、再腾挪造成卧槽马杀法。组合战术一气贯通，脉络清晰，着法爽脆，是基本功训练的范例。

第十四局

图 12-14　选自古谱《橘中秘》。盘面双方布局就绪。

现轮黑方走，黑方针对红方三路底相弱点，展开战术攻击。着法如下：

（1）……　车8进8！　　　（2）兵三进一　卒7进1！
（3）兵三进一　车2进4

黑方针对红方底相弱点，先堵塞象眼，再抢先兑7卒，此战术符合尽快出动

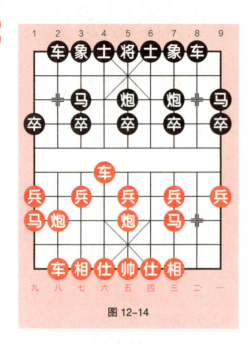

图 12-14

兵力，集中优势兵力作战的开局原则。

（4）兵三进一

红方如改走炮五平六，则黑方车2平7，相七进五，车8平4！牵住红方车炮，使肋炮失去防守作用，造成7路车炮捉马，马三进四，炮5进4，相五进三，车7进1，以下伏炮7进7胜。

（4）…… 马9进7
（5）炮八平七　车2平6
（6）车八进八　马7进9
（7）炮七进四

红方如改走马三进二，则黑方车6平7，炮七进四，炮5进4，炮五平三，车7进3，马二退三，炮7进7，黑方弃车天地炮胜。

（7）…… 炮7进7　　（8）仕四进五　马9进8
（9）炮七进三　士4进5　（10）炮五平四　车6进3
（11）仕五进四　马8进6　（12）帅五平四　炮5平6
（13）车六平四　马6进4　（14）帅四平五　马4进6（闷杀黑胜）

本局黑方利用堵塞、先弃后取战术在开局反先夺势，而后利用牵制、弃子、腾挪、抽将组合战术入局，非常实用，是战术组合的典范之作。

第十五局

图 12-15　选自古谱《橘中秘》，双方布局已经完成，兵力全部出动。红方双车活跃但双马滞后，兵力不协调，特别是七路底相是明显弱点。黑方在3线筑成防线，双马已活，中炮可左右出击，阵形结构协调，富于弹性，黑方可采取组合战术袭击红方七路弱相。现轮黑方走。着法如下：

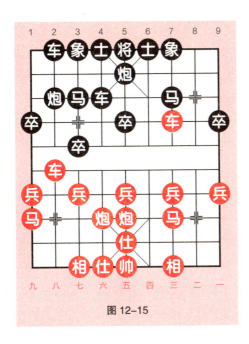

图 12-15

（1）……　卒 3 进 1 !

（2）车八平七

红方如改走兵七进一，则黑方炮 5 平 7，车三平二，炮 7 平 3 伏马 3 进 2 借杀捉车，炮六平七，马 3 进 4 捉双，兵七进一，炮 3 进 6，兵七平六，炮 3 平 7，黑方得子优势。

（2）……　炮 5 平 7 !

（3）车三平二

红方如车三平四，则黑方炮 7 平 3，车七平三，马 3 进 4 借杀捉车胜。

（3）……　炮 7 平 3 !

（4）车七平三　马 3 进 2 !

至此黑方弃 3 卒后，先平炮逐红方三路车灵活左马，黑炮再平 3 路逐红方七路车瞄准闷宫，是极为重要的顿挫，黑方进马腾挪，红方底相必失。

（5）帅五平四

红方如车三平七，则黑方炮 2 平 3 红方车必失。

（5）……　炮 3 进 8　　　（6）帅四进一　车 4 平 6

（7）炮五平四　马 2 进 4 !

黑方弃马腾挪，腾出车炮进攻通道。

（8）车三平六　炮 2 进 6　　　（9）炮六退一　车 2 进 7

（10）炮四进二　车 2 平 7

黑方借 2 路炮牵制，进车要杀捉双得马。

（11）车二平三　炮 3 退 2　　　（12）车六平八　车 6 进 3

（13）车八平四　车 7 进 1　　　（14）帅四进一　炮 2 退 1（黑胜）

黑方再度弃车引离红车，形成二路夹车炮胜。

本局黑方三度弃子——弃卒、弃马、弃车是组合战术的重点，黑方平炮两度逐车顿挫是难点。其中以腾挪、牵制、捉双串起全部战术成为有机组合。

第十六局

图 12-16 选自古谱《梅花谱》。双方兵力相等,各攻一翼。红方左翼双车炮捉马,并续又炮打中卒的手段。黑方在左翼集中双车双炮马绝对优势兵力对红方三路引弓待发。现轮黑方走。黑方利用组合战术得子抢先,取得胜势。着法如下:

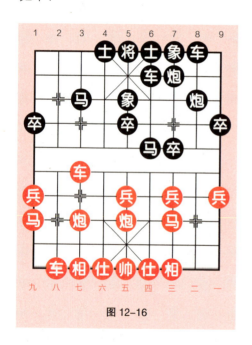

图 12-16

（1）……　炮7进5
（2）相三进一

红方如改走炮七进五,则黑方炮7进3,仕四进五,炮8平3,弃马兑炮为8路车腾挪,炮五进四,士6进5,车七进三,炮7平9,以下伏车8进9的强烈攻势。红方难以抵御。

（2）……　马6进5!

精妙之着!借杀捉子。红方如马三进五,则黑方炮8进7,相一退三,车6进8,帅五进一,车8进8,黑胜。

（3）车七平二　马5进3
（4）车八进三　卒7进1!

黑方又一妙手!既护炮,又拦车,并助马回踩。

（5）相一进三

红方如改走车二平三吃卒,则黑方炮8进7,马三退二,车8进9,仕六进五,马3进5,黑方弃马踏中仕胜。

（5）……　马3退4　　（6）车八平三　马4退6
（7）车三平四　马6进8　　（8）车四进五　马8进7

至此黑马经过捉车弃炮,再回马捉双车,兑车后得回一马,此轮大交换后仍多一子，并且在左翼形成攻势，胜局已定。

本局黑方重点在马踏中兵的借杀捉子，难点是弃7卒拦车，以下利用连续捉子、捉双，形成大交换保证胜势。

第十七局

图 12-17　红先。双方兵力相等。黑方中防薄弱，7 路马负担甚重，高象位置不佳，左翼阵形结构缺陷突出。红方双车双炮马均已出动，可组成一个有机强大兵团，用组合战术突击黑方左翼。着法如下：

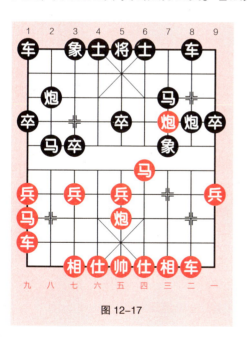

图 12-17

（1）马四进五　马 7 进 5

黑方吃弃马后，中路被炮牵制，8 路车炮受车牵制。

（2）车九平二　炮 8 进 6
（3）车二进八

至此黑方暴露 3 处弱点中马和 8 路炮被捉双，红方还可用三路炮进击底线。

（3）……　马 2 退 3
（4）炮三进三　将 5 进 1

黑方如改走士 6 进 5，则红方炮三平六抽将后得车。

（5）车二退一　将 5 进 1
（6）车二退一　将 5 退 1
（7）车二平七

红方背后抽将得马，同时还造成两子分捉马炮，黑方败局已定。

本局红方以弃马展开总攻，然后利用双车夺炮造成兑车，使黑方防御弊端百出，以下以抽将为契机，连续消灭对方马炮入局制胜。战术运用一气呵成，令黑方毫无还手之力。

第十八局

图 12-18 红先。盘面形势一目了然，棋盘上主战场在黑方左翼。现红方捉炮，黑方车捉马成互捉之势。黑方车马炮三子配置拥塞，尤其黑炮已无活力。整体看黑方右翼边象更显结构散乱。红方可利用组合战术得子占势。着法如下：

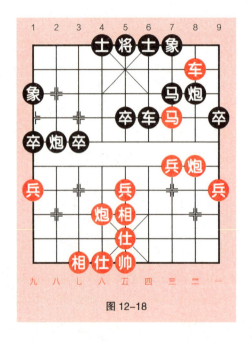

图 12-18

（1）兵三进一！ 炮2退2

红方弃兵腾挪，黑方如改走炮2平7，则红方车二退一，车6平7，炮二平三，红方串打得子。

（2）炮二平三 士4进5

（3）马三进一！

红马进边腾挪成炮牵马象，车牵双炮马的双牵之势，必得一子。

（3）……　　车6平8

（4）炮三进三　象1退3

（5）车二平三！ 象3进5

如黑方象7进9吃马，则红方车三平二，士5退4，炮三进二，士6进5，炮三平一，此时红方既伏抽将又牵黑方车炮，红方优势明显。

（6）炮三平八　炮8平2　　　（7）马一退三

至此红方借闷宫杀逼黑方兑炮后，边马退回解困，形成净多一子的胜势局面。

本局红方运用弃、串打、腾挪、双向牵的战术手段得马，然后再借杀兑炮使边马脱困形成胜势。

第十九局

图 12-19　红先。双方大子相等,红方多两兵。红方双车炮马在中炮协调下有战术组合可用。黑方右翼车马有马扑卧槽的做杀之势。红方借先行之利,抢先运战术入局。着法如下:

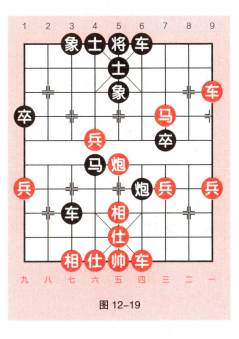

图 12-19

（1）马三退五　象5退7

（2）车一平五!　车6进5

（3）车五平三　象3进5

红方以带弃子性质的顿挫抢占要位。黑方如改走车6平5,则红方车三进二,炮6退6,马五进六,士5进4,车四进九,将5进1,车三退一,将5进1,车四退一,红方成双车错杀法。

（4）马五进三　将5平6

红马腾挪弃炮进攻,黑方如改走车6平5,则红方车四进三,士5退6,车四进五,士4进5,马三进五,车3退5,车四进一,士5退6（黑方如改走将5平6,则红方车三进二,将6将1,马五退三,车3平7,车三退二吃车,红方成高钓马杀法）,马五进三卧槽,将5进1,车三平七得车叫杀,红方胜势。

（5）车四进三!　车6进1　　（6）车三进二!　象5退7

以上红方先弃车引离黑车,再弃车腾挪,着法犀利。

（7）马三进二　将6进1　　（8）炮五平一（马后炮红胜）

本局红方三度弃车先是弃车顿挫,继而弃车引离,最后再弃车顿挫,特点是难度大,手法变幻多,并附有弃炮、腾挪、抽将等战术运用的预案。

第二十局

图 12-20 红先。盘面形势是双方对攻激烈。均面临对方双车错的杀着组合。现轮红方走。红方可用战术组合抢先入局。着法如下：

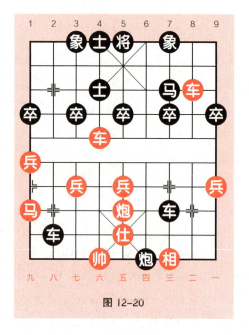

图 12-20

（1）仕五进四！

红方扬仕打车，意在抢先拦黑炮回防。

（1）……　　车7进2

（2）车二平三　炮6平5

（3）车三进二　将5进1

（4）车三退一　将5退1

（5）炮五退一　炮5退3

（6）炮五退一

至此红方抢先运车顿挫残去黑象并占攻杀线，再退炮拦炮解杀，现退炮垫将后已解除黑方双车错的威胁，更妙的是中路还牵制黑炮。

（6）……　　象3进5

（7）车六进二　车2退8

（8）车六进一（红方胜势）

至此伏车六平四双车错杀，黑方如改走车7平8，则红方车六平四，车8退9，炮五进六，象5进7，车四平五，将5平6，车三平四，红胜。

本局红方两次拦炮，既解除双车错威胁，又助双车进攻，然后以顿挫残象，再利用中路牵制，迅即入局。

第二十一局

图 12-21　双方大子相等,红方多三兵。粗看红方兵力较为分散,黑方有较多固防措施。但仔细分析,红方多兵是重要因素,底车和双炮的协调性和有效性非常明显。双马虽处边隅,但随机可展现其灵活性和联系性。现红方采用组合战术发动攻势。着法如下：

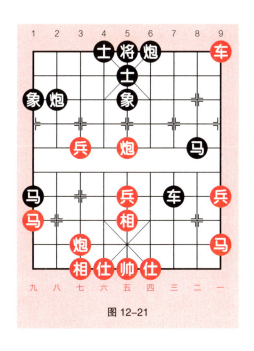

图 12-21

(1) 马九进七　车 7 平 5

黑方如改走车 7 平 9,则红方车一退六,马 8 进 9 兑车后,红方净多双兵。

(2) 马七进六！　车 5 退 2
(3) 炮七平五　车 5 平 7
(4) 马六进五　炮 2 平 4
(5) 相五进三！

红方边马腾空弃炮,之后中炮驱车,马踏象叫杀至扬相腾挪,拦车再叫杀,战术组合紧凑,次序井然。

(5) ……　炮 6 平 7
(6) 马一进二　车 7 进 1
(7) 马五退三　炮 4 平 5
(8) 马三进五　将 5 平 6
(9) 马二退四

红方借炮使双马,先顿挫得炮,着法实堪玩味,再退马捉车,双马闪展腾挪均已占到攻击要点。

(9) ……　车 7 进 3
(10) 炮五平四　车 7 平 6
(11) 车一平三　将 6 进 1
(12) 马五退三

至此黑方已无还手之力。

本局红方两次弃炮，双边马借炮闪展腾挪终擒王于马下，显示了高强的战术组合能力，其精深的形势判断更显示棋手战术素养的成熟。

第二十二局

图 12-22 双方兵力相等。黑方阵形结构的弱点是左右翼防守兵力士象和车马炮配置失衡，左翼出现空当，4 线车马卒灵活性差。红方以中炮为核心可组织车马炮三兵采取组合战术进攻。着法如下：

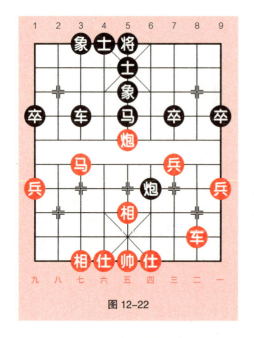

图 12-22

（1）车二进五！　马 5 进 3
（2）兵三进一

红方进车卒行线先手牵制迫黑方跳开中马，然后借牵制妙进三兵渡河，形势已优。

（2）……　马 3 进 5
（3）兵三平四！

妙手！不吃卒而平兵拦炮作杀，同时限制黑车左移，红方右车照牵黑方车卒，深明弈棋之理。

（3）……　将 5 平 6

黑方如改走马 5 进 6，则红方帅五进一，将 5 平 6，车二退四围困捉马。

（4）仕四进五　炮 6 平 4
（5）马七退五　炮 4 退 4
（6）马五进三　象 5 进 7
（7）车二平一　象 3 进 5
（8）马三进一

至此红车严控卒行线牵制黑方车卒，现已成高钓马之势。

（8）……　象 5 退 7
（9）马一进三　炮 4 平 7
（10）炮五平三　马 5 退 7
（11）兵四平三　将 6 平 5
（12）车一进三　士 5 退 6

黑方如改走炮7进2吃兵，则红方马三进五借底车牵象之机捉车，伏卧槽和车杀象等着，黑方崩溃。

（13）车一平三　炮7平4

至此红方车马三兵仕相全对黑方车炮卒双士，红方必胜。

本局红车始终在卒行线牵制黑方车卒，控制局势，再运兵进击拦炮拦车，保证左马右移，战略构思明确，战术组合精彩。

第二十三局

图 12-23　盘面形势是黑方双车马不但兵种配置单纯，而且协调性非常差，对红方没有威胁。反观红方车双马炮集中于右翼，局部形成两倍于敌的兵力。而且黑方4路车无法支援左翼。因此红方用战术组合攻城拔寨。着法如下：

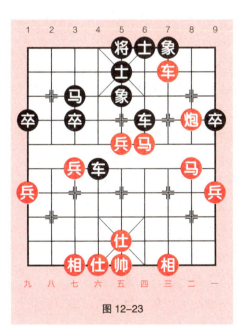

图 12-23

（1）马二进三　车6退1

（2）马三进五！　车6平8

黑方改走象7进5，则红方炮二进三，象5退7，车三进一后可抽吃黑方4路车。

（3）马五退六　马3退1

（4）炮二平三　象7进5

黑方如改走象7进9，则红方车三平二堵塞象眼，借闷宫杀捉车。

（5）马六进五

至此红方连续借捉杀，去黑方双象，已呈优势。

（5）……　车4平7

（6）相七进五　车7退1

（7）炮三平六！

红方平炮将门腾挪兑车是入局关键。

(7)……　车8进2　　　　　（8）车三退三　车8平7

(9)马五进七　将5平4　　　（10）炮六退二　马1进3

(11)兵五平六　士5进4　　　（12)兵六平七　士4退5

以上红方运兵为马进击腾挪。

(13)马四进六　士5进4　　　(14)马六进四（得车红胜）

本局红方运马炮捉吃攻杀，先手残去黑方双象，再运炮腾挪兑车，最后运兵顿挫腾挪，四路马进击抽将得车胜。组合战术应用如行云流水，节奏明快，显示技艺的纯熟。

第二十四局

图12-24　双方大子相等，红方多两兵。盘面黑方边车捉炮，7路兵卒对峙，似有先手味道，但前方双炮和后方双马配置的阵形结构有缺陷。红方可采用组合战术争先夺势。着法如下：

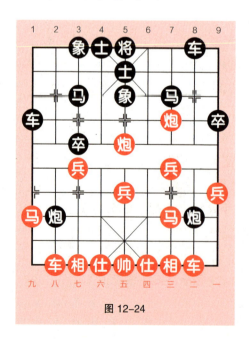

图12-24

（1）马三进四

红方跃马河头腾挪，左车捉炮并抢先保过河炮。

（1）……　炮2平6

（2）车八进七　车1平6

（3）车八平七　车6进2

（4）炮三平七　将5平6

（5）炮五平六　车8进3

（6）炮六进三　象3进1

（7）兵七进一　象1进3

至此红方迫黑方兑马后，车双炮转攻黑方右翼，以下伏有车七平五的先手。

（8）仕六进五

红方如即走车七平五，则黑方炮6平

3腾挪，解攻还攻，黑方反先。

（8）……　炮6平3

黑方如改走炮6进1，则红方车七平五，车8平3，车五平三，炮6平7，车二进二，红方多子胜。又如黑方炮6平7，则红方兵三进一，象5进7，车七平三，车8平3，车二进二，红方多子胜。此变红方车七平五腾挪要杀是关键。

（9）炮七退四　炮8平5　　　（10）相三进五　车8进6

（11）车七平五　车6退3　　　（12）炮七平八　象3退1

（13）车五平九　士5进4　　　（14）炮八进五

至此红方炮串打，黑方如车6退1，则红方炮八进二，士4进5，炮六进一重炮胜；又如黑方车6进1，则红方八平三得马胜。

本局先手运马腾挪，兑马后车双炮转攻黑方右翼，用炮堵塞象眼，伏下多种催杀手段，然后一车换双炮。借杀吃中象，再平炮顿挫借杀吃边象，最后形成串打致胜。红方车双炮左翼做杀手段是常用战术，可做基本功练习之用。

第二十五局

图12-25　双方兵力相等。黑方的弱点是右翼车马被禁控，左翼车马炮配置有缺陷特别是炮马和车联系性差。红方针对黑方马炮进攻，运兵右翼创造战机。着法如下：

（1）车七平四　炮6平9

黑方如炮6进1，则红方车八退一，黑方中卒必失，左马问题更加严重。

（2）车四进二　马7进8　　　（3）车四平二　马8进9

（4）炮三平四

至此红方连续捉炮欺马后伏有炮八进一手段，车占卒行线的战术机会隐现。

（4）……　炮9平6　　　（5）车二进三　炮6退1

（6）炮八进一　车7进2　　　（7）车二退六　车7平9

红方通过车炮配合的串打、顿挫困死黑马，牵住黑车。

（8）炮四进六　卒9进1　　　（9）炮八退二　车9进1

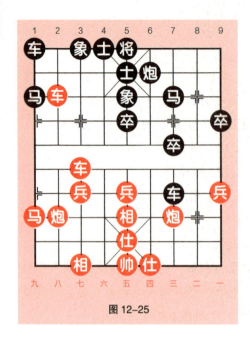

图 12-25

（10）炮四平一　卒9进1

（11）车二进六

红方肋炮出击后用左炮打车是重要次序，消除以后黑方兑车的机会，然后抢先平边炮捉马，仍然是牵死黑方车马的局面，现沉车底线已现胜利曙光。

（11）……　炮6平7

（12）炮一进一　士5退6

（13）车二退一　士4进5

（14）车八进一（红胜）

本局红方以车围捉黑马为突破口，创造牵制、顿挫、围困等组合战术入局成功。

第二十六局

图 12-26　黑方多一马三卒实力占优，但弱点是边马被禁困，现虽中车捉炮。但红方车双炮马在中炮策应下，对黑方右翼空门可抢先发动战术攻击。着法如下：

（1）车七进五！　士5退4

黑方如象5退3吃车，则红方马八退六胜。

（2）车七平六　将5进1　　（3）炮六进五！　将5平6

红方进炮围捉黑方边马叫杀，黑方如改走炮2平3，则红方炮六平九，炮3退2，马八退七退马抽将为中炮左移腾位并拦车，炮3进1，炮五平八，将5平6，炮八进三，将6进1，车六平四，红胜。

（4）车六平五！

不急于打马而车占将位继续催杀是重要的次序。

（4）……　炮2平3　　（5）炮六平九　炮3退2

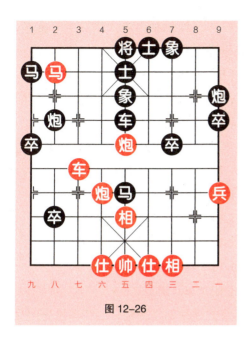

图 12-26

（6）马八退七　炮3进1
（7）炮五平八　炮9退2
（8）马七进五　马5退4
（9）马五进七　士6进5
（10）车五平三　马4退2
（11）马七退五　马2退1
（12）炮八进三

至此红方马反复抽将调位，现弃炮助八路炮进攻已成左右夹击之势。

（12）……　士5进4
（13）车三退一　将6进1
（14）马五进四　车5平2
（15）车三退一　将6退1
（16）马四退六

至此黑方如车2退2去炮，则红方车三进一胜；又如黑方士4退5，则马六退五，将6退1，车三进二胜。

本局红方在中炮策应下攻破黑方左翼防线，围捉黑马抢先占优，再钩子马反复抽将调位拦车，助双炮进攻，最后弃炮形成左右夹击胜。

第二十七局

图 12-27　盘面形势是红方右翼面临黑方车双炮的杀着。而黑方后方车马和前方车双炮联系被隔断，红方只需破掉车双炮杀势即可转危为安，腾出手来，转攻黑方右翼，利用组合战术抢先入局。着法如下：

（1）车一退六　炮7进2　　（2）车一平三　车7进1

红方以车相换黑方双炮，右翼已安定。

（3）车九平八　车2平3　　（4）炮八进三　士4进5
（5）炮八平九

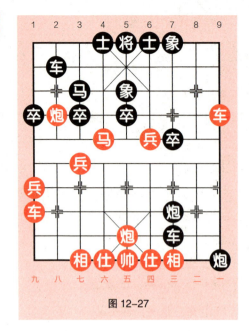

图 12-27

红方连续伏抽，先伏炮打中卒捉车，现在平边炮再次伏抽。

（5）……　　卒3进1
（6）车八进七　士5退4
（7）车八退一！

红方顿挫抽车抢占攻杀线，要着！

（7）……　　车3退1
（8）马六进四　士6进5
（9）马四进三　将5平6
（10）炮五平四　士5进6
（11）兵四平五　士6退5
（12）车八退五

红方平兵抽将腾路，助红车抢先回兵行线叫杀。

（12）……　　将6进1　　（13）车八平四　士5进6
（14）车四进四　将6平5　　（15）车四进一　将5退1
（16）车四平六　将5平6　　（17）兵五平四

红方连续弃车抽将，形成卧槽马常见杀势。

本局红方先一车换双稳定后方，然后借抽、顿挫抢占攻杀线，最后马直奔卧槽形成常见杀式。

第二十八局

图 12-28　盘面双方大子相等，黑方多两卒。红方中马被捉，七路马相承受较大压力。黑方弱点是左翼空虚，进攻兵力有限，仅靠车双炮。红方可利用黑方以上弱点牵马争先。着法如下：

（1）车二进九　士5退6　　（2）帅五平四！

弃马！解攻还攻之着。

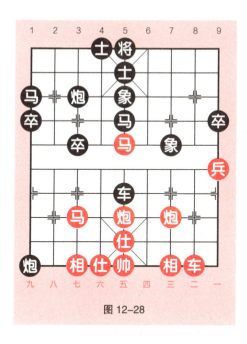

图 12-28

（2）……　炮3进5

（3）车二平四　将5进1

（4）炮三平七　车5退2

（5）车四退一　将5退1

（6）车四退二

红方顿挫将军回车捉黑方中马是弃马时预谋的战术。

（6）……　马5退3

（7）炮七进五

红方先手得马后成中路牵制，续有车四平九捉双。

（7）……　卒1进1

（8）车四进三　将5进1

（9）车四退四　马1进3

黑方如改走车5进1，则红方车四平三，卒1进1，炮七进二，将5平4；车三平六，将4平5，炮七平九，炮1平2，车六进二，马1进3，车六平七　红方得子胜。红方利用中炮牵制捉双得象，再利用七路炮催杀，然后炮平九路再牵马卒炮后，运车捉双制胜。

（10）车四进一　马3退1

以上红方运车顿挫攻杀调位占卒行线。

（11）炮七进二　将5平4　　（12）车四平六　将4平5

（13）车六退一　车5进3　　（14）相三进五　象5退3

（15）车六平三　象3进5　　（16）车三进三　将5退1

（17）车三退二（红方胜势）

本局的战术组合可以概括为弃马解攻还攻抢先，围捉黑方中马占优，再利用中炮牵制、右车顿挫得子制胜。

第二十九局

图 12-29 双方大子相等，红方多兵缺相。红方前方双车炮协调性好，组成有效战术配合。黑方前方车炮捉马，看似严厉，但缺乏实质有效的战术手段。现轮红方走，着法如下：

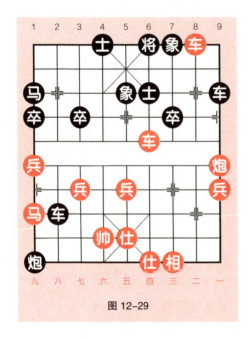

图 12-29

（1）车二退一！

精妙之着！弃马堵象眼，暗伏车四进二，车9平6，炮一进五闷杀的凶着。

（1）……　将6平5

（2）车二平六

红方如改走炮一平五，则黑方士4进5，车二平三，炮1平7，车三退二，车2进1，帅六进一，将5平6 红方无入局手段。

（2）……　士4进5

（3）炮一平五　车2退7

（4）相三进五　炮1退4

（5）车四平八！　车2平3

（6）车八平六　将5平6

（7）炮五进四　士6退5

（8）前车平五

红方利用借杀捉子、顿挫迫黑车位置变坏，再弃炮换双士，着法锋利。

（8）……　车9平6　　（9）车五平三　炮1退1

（10）马九进八

红方在禁控黑方双车后，从容跃出边马助战。

（10）……　马1退2　　（11）马八进九　卒3进1

（12）车六进三　象7进9　　（13）车三平二　象5退7

（14）帅六退一

红方如急于车六平三，则黑方车3平4，仕五进六，车4进7！黑方有严厉的反击手段。

（14）……　卒3进1　　　　（15）马九退七！马2进3

（16）马七进六　车6平4　　（17）车六退一

红方退马拦炮，再进士角做杀，迫黑方弃车，红方已呈胜势。

本局红方实施的战术手段含义深刻，创造棋路多，选择余地大是学习的重点。红方实施战术手段节奏掌握恰当，攻防衔接得宜是学习的难点。

第三十局

图12-30　双方大子相等，黑方多一卒。黑方的弱点是将不安于位，车在低暗处，黑马灵活性、联系性均差。红方车马炮均占要位，红方可借欺黑方中马采用组合战术扩先占势。着法如下：

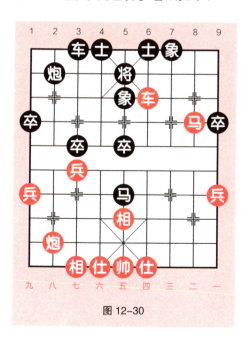

图12-30

（1）车四退四　马5进3

黑方如马5退4，则红方炮八进四串打，卒3进1，炮八平五，象5进7，车四进三，红方大优。

（2）车四平七　马3进1

（3）炮八平五　炮2进3

（4）车七平三！将5平4

（5）车三平六！将4平5

（6）车六进三

红方连续迫黑马于边线，再平中炮牵炮，红车要杀顿挫调位，现进车卒行线伏车六平八借杀捉炮，已呈胜势。

（6）……　卒3进1

（7）炮五进四　象5进7

（8）车六平八　马1退2

黑方如逃炮，则红方车八退五捉黑马。

(9) 车八进二　将5进1　　　（10) 车八退三

红方顿挫吃炮着法细腻。

(10) ……　马2进4　　　　（11) 帅五进一　卒3平4
(12) 帅五平四　车3进1　　（13) 马二退四　将5退1
(14) 炮五退二　车3进5　　（15) 车八进三　将5退1
(16) 马四进五　车3平5　　（17) 马五进三

红方退炮腾挪后，再弃炮成卧槽马杀，红胜。

本局红方先用车连续迫马，然后用组合战术顿挫、牵制、借杀捉炮等得子，最后再用战术组合顿挫、腾挪、弃炮形成卧槽马杀法。

第十三章

十冠军精品战术组合点评

20世纪下半叶，中国象棋界群贤毕至，百花争妍，呈现一派欣欣向荣的大好形势，历届全国象棋锦标赛中先后有多位特级大师登顶封王。他们巅峰时期的佳作是我们学习的典范。特别是他们在实战中不但战术运用自如，把握子与先、攻与防、局部与全局的关系有独到之处，显示高度的战术素养，而且能实施以静制动、以慢打快、后中寓先、以小见大、以无形胜有形的策略，显现深刻的战术理念。

本章精选十局王者对局为读者详加解析。

第一局　杨官璘先胜何顺安

双方以中炮巡河炮对屏风马开局。

（1）**炮二平五**　马8进7　　　　（2）**马二进三**　车9平8

（3）**兵七进一**　卒7进1　　　　（4）**马八进七**　马2进3

（5）**炮八进二**　车1进1　　　　（6）**车一平二**　象7进5

至此形成中炮巡河炮对屏风马的基本定式之一。

（7）**车九进一**　车1平4　　　　（8）**兵三进一**　卒7进1

（9）**炮八平三**　车4进3　　　　（10）**车九平八**　炮2进2

黑方如改走马7进8，则红方炮三平二，炮2进2，马三进四，车4平6，马四进二，炮2平8，炮二进三，车8进2，车八进六捉马，红方优势依然很大。

（11）**车二进六**　马7进6（图13-1）

黑方左马盘河捉车，并腾挪有车8平7的后续手段。但跃马河沿后，河沿一带车炮动态空间狭小，左翼车炮被牵，弱点较多。红方鉴此酝酿了大的战术组合进攻计划。着法如下：

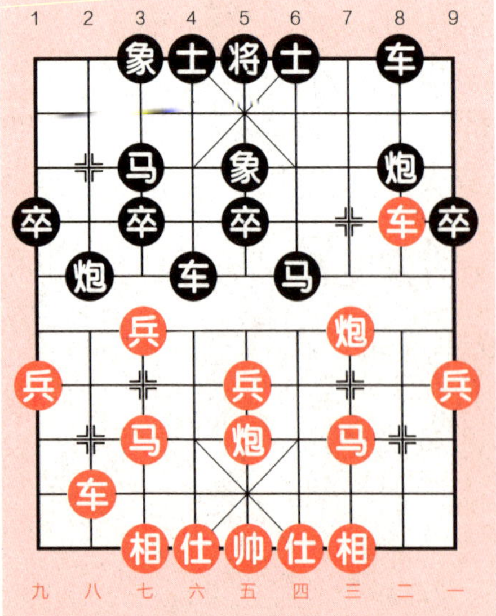

（12）**炮三进一！**

精妙之着！弃炮拦马并串打车炮，伏马三进四逐车的严厉手段。

（12）　……　　车4进3

黑方如改走象5进7，则红方马三进四，车4进3，车八进四，车4平3，车八平四，经过一轮马炮交换后红方大占优势；又如黑方改走车8平7，则红方车二进一，车7进4，马三进四，车4进3，车八进四，车4平3，车八进三，至此红方伏车八平六、马四进六等

图13-1

手段，红方也大占优势。由此可见红方预谋的兑子争先战术体现了冠军的棋艺水平。

（13）车八进四　卒3进1　　（14）车八进三　士6进5

黑方如改走象5进7，则红方马三进二，马6退5，马七退八，卒3进1，车八平四，士4进5，马二进四黑方车炮被牵死，红方续有马四进三得子的手段，红方胜势。

（15）马三进二　马6进5　　（16）车八退五　马5进3
（17）仕六进五　车4退2　　（18）炮三退三　车4平3
（19）炮三平七　车3进2

以上红方先是弃还左马，再回炮兑马，简化局势，牢牢牵死左翼车炮，黑方右车位置差，红方纵右马出击，把握局势的能力非同一般。

（20）马二进四　马3进4　　（21）马四进六　炮8退1
（22）车八平六　马4进3

红方平车捉马是必要的过门着法，逼黑方进马后，黑方左翼车炮、右翼车马的阵形结构完全被禁困，而红方双车马炮集结中路，以下将发起总攻。

（23）车二平五　车8平6　　（24）车五平二　炮8平7
（25）车二进二

红方借杀捉炮，黑方已陷入绝境。

（25）……　　炮7平6　　（26）炮五平四　车3进2
（27）仕五退六　炮6平7　　（28）仕四进五

至此黑炮必失，红胜。

本局红方炮三进一的战术选择是精妙之着！以下经过兑子交换，红方抢先左车进攻杀线迫黑方上士后，再弃还一马，继而炮马交换简化局势，都在于右翼牢牢牵死黑方车炮。这种在深刻的形势判断的基础上自如运用组合战术的能力，体现了深刻的战术理念。

第二局　李义庭先胜何顺安

双方以中炮盘头马对屏风马开局。

（1）炮二平五　马8进7　　（2）马二进三　卒7进1

（3）车一平二　车9平8　　（4）车二进六　马2进3

（5）兵五进一　士4进5　　（6）马八进七　卒3进1

（7）车九进一　炮2进1　　（8）车二退二　象3进5

（9）车九平六

至此形成中炮直横车盘头马对屏风马的布局。

（9）……　炮2平3　　（10）马七进五　车1平2

（11）炮八平九　炮3进3　（12）兵三进一　炮8进2

（13）兵三进一　象5进7　（14）车二平四　车2进6（图13-2）

黑方进车兵行线企图反击，但前后兵力不协调，后方双马弱点明显。红方可采用组合战术抢先。

（15）车四进二　马7进6

（10）马三进四　炮3平9

（17）马五退三　炮8平9

（18）炮五进四　马3进5

（19）车四平五

至此红方兑换马炮后，有中兵渡河欺马的手段，并且黑方右翼空虚，红方可施展战术手段较多，红方已占优势。

（19）……　前炮平7

（20）相三进一　前象退5

（21）兵五进一　车8进5

黑方如改走马6进8，则红方车六平二牵制。

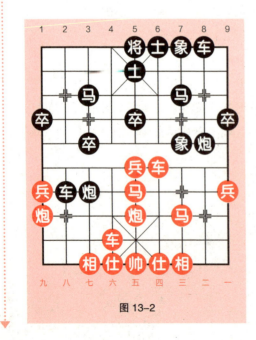

图13-2

（22）车六进三　卒3进1　　　　（23）车六平七　炮9平7

（24）兵五平四　后炮进3（图13-3）

双方再次兑马后，红方兵种齐全，双车马炮占位渡河。黑方右翼仍十分空虚。红方持先利用战术扩大优势。

（25）车五平七

红方妙着！腾挪捉炮、并伏摆中炮，炮打边卒及扑马进攻等手段。

（25）……　前炮平2

（26）马四进六　车8进3

（27）后车退一　炮7进3

（28）仕四进五　炮7平9

（29）马六进四

红方精妙之着，是红方并车后的预谋着数。在两次邀兑车后，现扑马卧槽解攻还攻，瓦解了黑方凶猛的反扑，确立了胜势。

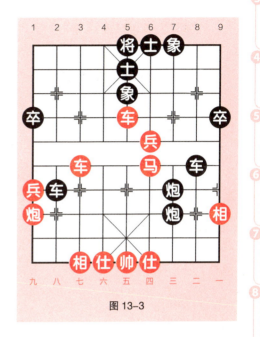

图13-3

（29）……　车8进1

（30）仕五退四　车8退8

（31）相一退三　车2退6

因红方有前车进三，士5退4，马四进六，车8平4，前车平六，将5进1，后车平二做杀的手段，所以黑方回底车不得不然。

（32）炮九进四　车2平4

因红方有马四进六，将5平4，车七进三，车2平3，炮九平六，马后炮的手段，所以黑方必须走车2平4。

（33）炮九进二！炮2退6　　　（34）后车平八

至此红方解攻还攻后，红方边炮连续进击，黑方已陷入绝境。

（34）……　车8进8　　　　（35）相七进五　车8退2

（36）车八进五　车8平5　　　（37）仕六进五　车5平7

（38）车七平八　车7进2　　　（39）仕五进四

红方支仕再次解攻还攻，黑方已走投无路。

（39）……　车7退1　　　　（40）后仕进五　车7进1

（41）仕五退四　士5进6　　　（42）前车进一　车7退8

（43）后仕进五　车 7 进 8

黑方如改走车 7 平 1，则红方马四进六，车 1 平 4，车八平六，将 5 进 1，红方胜定。

（44）仕五退四　车 7 退 3　　（45）后仕进五　象 5 退 3
（46）后车平五　象 7 进 5　　（47）炮九进一

红方再次解攻还攻！

（47）……　　车 7 进 3　　（48）仕五退四　车 7 退 8
（49）后仕进五　车 7 进 8　　（50）仕五退四　车 7 退 3
（51）后仕进五　车 7 平 1　　（52）炮九平七　车 4 进 2
（53）炮七退九

至此红方抽将得炮胜定。

本局红方前中局采用兑子战术抢先渡中兵欺马，获得优势；中局红方并车兑车、进马解攻还攻的战术组合，确立优势；残局边炮进击做杀逐车、支仕再次解攻还攻，最后红方平中车解攻还攻，底炮打象将军，抽将得炮胜定。此局双方在激烈的战斗中，红方的战术组合特别是解攻还攻环环相扣，是重点更是难点，十分精彩。

第三局　胡荣华先胜吕钦

双方以飞相对士角炮开局。

（1）相三进五　炮 2 平 4　　（2）兵三进一　马 2 进 3
（3）马八进七　车 1 平 2　　（4）车九平八　卒 3 进 1
（5）马二进三　车 2 进 6　　（6）炮八平九

黑方左翼兵马未动而轻进右车，有整体不协调之感。红方平炮兑车，抢先出动右车。

（6）……　　车 2 进 3　　（7）马七退八　马 8 进 7
（8）炮九平七

此着平炮瞄住黑方 3 路线弱点，先手意味加重。

（8）……　　马3进2
（9）兵七进一　象3进5
（10）兵七进一　象5进3
（11）车一进一

红方利用兑兵迫使黑象位置变坏，然后抢出右车向左翼转移。

（11）……　　马2进1
（12）炮七平八　炮4平2
（图13-4）

（13）车一平七！　象3退1

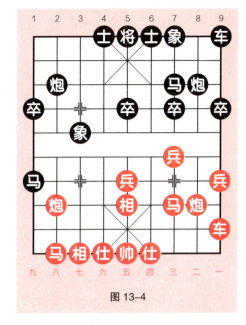

图13-4

红方弃马捉象是夺得优势的关键之着。黑方如改走炮2进7吃马，则红方炮八进七，士4进5，车七进四，红方吃象伏抽，黑方阵形崩溃；又如黑方改走象7进5，则红方炮二进一打马，黑方必失子。由此可见黑马孤军深入、右翼马炮和左翼兵力协调性很差，已落后手。

（14）马八进九　车9进1
（15）车七进五　车9平6
（16）车七平九！　马1进3
（17）车九平六！　车6进3
（18）车六退四　马3进2

红方运车追逐黑方边马将其逼入绝境，此马不但无用武之地，反而成了黑方的累赘。

（19）马九进八　士4进5
（20）仕四进五　炮2平3
（21）车六进三！（图13-5）

红方进边马兑炮后，不谋捉死马而进车兑车，是处理子与先关系的实例典范，是扩大优势的关键。

（21）……　　车6平4
（22）马八进六　炮3平2
（23）马三进四

红方兑车后，伏炮八进五串打，黑方

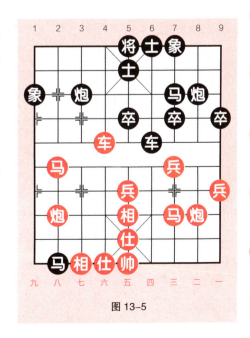

图13-5

平炮不得已，现红方进右马后，仍禁控黑方底线马。

（23）……　象1进3　　　　　（24）炮八进四　象7进5

（25）马六进四　炮8退1

黑方如改走炮2退1，则红方兵三进一后胜负立判。

（26）前马进三　将5平4　　　（27）马四进六　将4进1

（28）相五进七！

红方飞相腾挪对黑方底线马欲擒故纵，是入局的关键。

（28）……　马2退3

黑方如改走炮2平4，则红方马六进五弃马伏重炮杀的手段，士5进6，马五进四，将4平5，马四退二，红方得炮胜定。

（29）炮二平六　马3退4　　　（30）马六进七　士5进4

（31）炮八退二　炮8进4　　　（32）兵三进一

至此红方利用肋炮牵制，造成八路炮串打，黑马必失。红方已胜券在握。

（32）……　卒7进1　　　　　（33）炮八平六　将4平5

（34）马七退六　卒5进1　　　（35）前炮进三　象5退7

（36）前炮平四　炮2平5　　　（37）马六进七　炮5平4

红马退而复进，不但展开己方兵力还残去黑士，令黑方阵形支离破碎。

（38）炮四退一　炮8退3　　　（39）炮四平二　卒7进1

（40）炮六平五　马7进8　　　（41）炮五进三　将5平4

（42）炮二平六　将4平5　　　（43）炮六平五

以下黑方如走将5平6，则红方马七进八，将6进1，马三退二，红方八角马胜；又如黑方改走将5平4，则红方马七进八，将4退1，后炮平六，炮4平5，炮五平六，红方成卧槽马杀法。至此黑方认负。

本局第一关键是红方弃马捉象抢先。第二关键是正确处理子与先的关系，不捉死马而兑车抢先，是本局的难点所在。第三关键是飞相腾挪，对黑方底马欲擒故纵。从全局看红方对黑方右马追逐攻击掌握的火候、拿捏的分寸是我们学习的范本。

第四局　柳大华先胜钱洪发

双方以中炮直横车对左马盘河开局。

（1）炮二平五　马8进7　　（2）马二进三　卒7进1

（3）兵七进一　马2进3　　（4）马八进七　车9平8

（5）车一平二　象3进5　　（6）车二进六　马7进6

（7）车九进一

至此形成中炮直横车对左马盘河的典型局面。红方起横车使子力全面出动，盘面均衡发展，阵形结构完整。

（7）……　士4进5　　（8）车九平六　炮2进2

（9）兵五进一　卒7进1　　（10）车二平四　马6进7

（11）马三进五　炮2平7

黑方如改走炮8进5，则红方马五进三，炮8平3，车四平二，红方弃马后，强行兑车，黑方无论兑车与否，红方都获得强烈攻势。黑方左右兵力不协调，所以黑方放弃得马的选择。

（12）车六进四　马7进5

（13）相七进五　车1平2

（14）车六平三　车2进7

（15）车三平二！（图13-6）

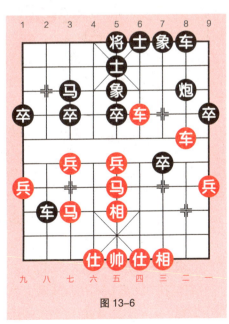

图13-6

红方不吃卒而牵制黑方车炮是紧握先手的关键。黑方车炮被牵制从全局看很难解脱，左右翼联系被隔断，黑马助攻防的作用很难发挥。而红方双马欠灵活的问题，很快可以解决。

（15）……　卒7进1

（16）仕四进五　卒3进1

（17）兵七进一　象5进3　　　（18）马七进六　象7进5
（19）兵五进一

红方弃中兵腾挪，瞬间释放了双马奔腾的能量。

（19）……　卒5进1　　　　（20）马六进四　车2退6
（21）车四平六

红车腾挪并堵塞象眼，剑指中象。

（21）……　马3退4　　　　（22）马五进三　象5进7
（23）车六平三　象3退5　　　（24）车三平一

红方此着为细致的顿挫，使黑方右车不能助防，红方仍死牵黑炮。

（24）……　卒5进1　　　　（25）车一平七　卒5平6
（26）马三进一　炮8退1　　　（27）兵一进一　士5进4

黑方久困之下无奈支士，欲解被牵制局面。

（28）马四进六（图13-7）

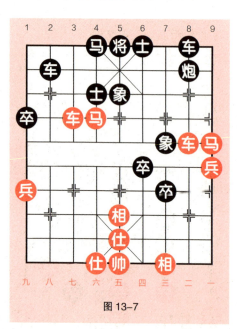

图13-7

红方进马是最佳选择，仍紧握牵制禁控局势的主线，以下黑方为摆脱牵制付出了更惨重的代价。

（28）……　车8平7

黑方如改走车2平6，则红方马一进二，炮8进3，马二进四，车8进1，马四退六，车8平4，后马进四，将5进1，车l平二，红胜；又如黑方改走车2平7，则红方马六进四，车7平6，车2进2，士6进5，马四退五，车6进3，马五退七，以下红方伏马一进三得炮的手段。

（29）马六进四　炮8平6
（30）车二进三

红方既腾挪马路，又仍牵制黑炮并限制对方上士。

（30）……　车7进2　　　　（31）马四退五　炮6平5
（32）马五进六　车2平4　　　（33）车二平四！

弃马精妙之着！利用双车马优势兵力攻击黑方右翼。

（33）……　车4进1　　　　（34）车七平四　车7退2

（35）马一进二　车7平8　　　　　（36）后车退二

完全符合一子换三先判定子先关系的标准。

（36）……　炮5平4　　　　　　　（37）马二退四　车4进1
（38）兵一进一　炮4平2　　　　　（39）兵一平二　车4平5
（40）前车平六　车5平6　　　　　（41）车四进二　车8进4
（42）仕五退四　士6进5　　　　　（43）仕六进五　车8退3
（44）车四平九　车8平6　　　　　（45）车九进三

至此红方成双牵得子之势。黑方如逃炮，则红方车九平六，士5退4，车六平四，红方得子胜定。

本局红方前中局经过兑子后正确处理子与战术的关系；中局阶段紧扣牵制的主要矛盾，弃兵腾挪，盘活双马，攻击张弛有度，稳步推进；后中局弃马残士抢三先显示了红方的冠军风采；残局在禁困的形势下红方双车紧锁黑方车马炮，关键是九路边兵将长驱直入。黑方个别可商榷的着法已无碍大局。

第五局　李来群先胜吕钦

双方以中炮巡河炮对屏风马左象拉开战幕。

（1）炮二平五　马8进7　　　　　（2）马二进三　车9平8
（3）兵七进一　卒7进1　　　　　（4）马八进七　马2进3
（5）炮八进二　象7进5　　　　　（6）车一平二　炮8进2
（7）马七进六　炮2退1　　　　　（8）车二进一　炮2平3
（9）车九平八　车1平2　　　　　（10）炮八进三　炮8进1
（11）车2平6　炮8进2

红方平车过宫既是护马，又是针对黑方3路弱线。黑方针锋相对进炮兑炮既是牵制红方中炮，又是针对红方三路弱马。

（12）马六退七　炮3平7

黑方此着宜走炮3平6，既暗护右马，又可保左马盘河，把球踢给对方，看红方如何处理右翼兑炮较为稳重。现黑方炮3平7攻红方三路，但兵力略显不足，且使左右的攻守有脱节失衡之感。

（13）车六进六　炮8平5　　　（14）相七进五　炮7平6

至此黑方原定计划告吹，黑炮平6意在先弃后取，但已损失度数，此着如改走车8进7，则红方车六平七，车8平7，炮八平五，车2进9，马七退八，象3进5，车七平五，马7退5，马八进七，红方大占优势。

（15）车六平七　炮6进1　　　（16）炮八平五！车2进9

黑方如改走炮6平3，则红方车八进九，象3进5，车八退二，马7退5，马七进六红方优势更大。

（17）炮五平三　车2退2　　　（18）车七平四　车2平3

（19）车四退一　士6进5　　　（20）炮三退一

至此红方一车换双并得一象，兵力配置占优，且又占卒行线，趋向多兵之势，红方只要处理好三路马即可获胜。

（20）……　车8平6

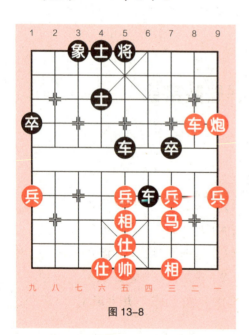

图 13-8

（21）炮三平五　士5进4
（22）车四平二　卒3进1
（23）兵七进一　车3退3
（24）炮五平一　车6进7
（25）马三退二　车3平5
（26）仕四进五　车6进1
（27）马二进三　车6退2

（图 13-8）

黑方运双车胁红方三路马，企图消灭红兵，红方针锋相对，运用顿挫护住兵行线。

（28）车二进三！将5进1
（29）车二退六！车5退1
（30）炮一退二　将5退1

黑方如改走卒7进1，则红方车二进六，将5进1，兵三进一，车6平7，车二退七，至此红方得黑方7卒。

（31）炮一平七　车5平3　　　（32）兵一进一　士4进5
（33）兵九进一　士5退6　　　（34）车二平一　车3平4
（35）兵一进一　象3进5　　　（36）兵一平二　士4退5
（37）炮七平一　将5平4　　　（38）炮一平七　车4进3

（39）兵二平三　象5进7　　　（40）炮七平二　象7退5
（41）炮二退一　车6平7　　　（42）炮二进六　车7退6
（43）车一平二

至此红方利用38回合黑方轻进肋车，及时兑兵，再利用反牵制驱逐，弃三兵得以解脱车马被牵制的局面。

（43）……　车4退1　　　（44）车二进三　将4平5
（45）马三进二　车4平6　　　（46）相五退七　象5退3
（47）相三进五　车6平1　　　（48）马二进四　车1平9（图13-9）

至此红马已经到位，红方继续推动局势开展，下一步是解脱车炮被牵。

（49）炮二退二　车9退3
（50）兵五进一　卒1进1
（51）兵五进一　车7进4
（52）炮二进二　车7退4
（53）车二退三　车9平3
（54）炮二退三　车7进3

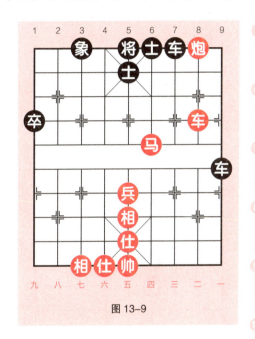

图13-9

至此红方49回合炮2退2牵制住黑方双车后，连进中兵，迫黑方51回合车7进4止住红方中兵连进势头。红方再进底炮打将迫黑方回车，此顿挫间歇着法多，意味深长，最终车炮摆脱牵制。

（55）车二平六　车3平8
（56）炮二退二　车8平4　　　（57）车六平七！　象3进5
（58）车七平九！　车4平1　　　（59）车九平八　车1平4

红方用车捉象，迫黑方飞中象于马脚之下，再平车捉卒迫黑车离开肋道，然后抢先平车八路，伏马踏中象的着法，可见红方运用顿挫战术的娴熟、细腻。

（60）车八进六　士5退4　　　（61）车八平九　士6进5
（62）车九退四　象5退3　　　（63）车九平七　象3进5
（64）车七退二

红车以孤象为目标，以连续的顿挫手段消灭黑方边卒。残局功夫细致入微，高妙之至。

（64）……　车7进1　　　（65）炮二平八！　车4平2

（66）炮八平五！　车2进2

红方调整好车位后，又用炮顿挫诱黑车离开肋道，然后平中得象。

（67）炮五进三　士5进4　　　　（68）车七平五　车2退1
（69）炮五平一　车2平9　　　　（70）炮一平二　车7平8
（71）炮二平四　士4进5　　　　（72）炮四平三　车9平7
（73）炮三平一　车7平9　　　　（74）炮一平五　士5进6
（75）车五进一　将5进1　　　　（76）马四退五　车9平6
（77）仕五退四　车6进3　　　　（78）马五进七　车8退1
（79）仕六进五　车8平6　　　　（80）炮五退一　前车退1
（81）马七进八　前车平5　　　　（82）炮五退二　将5平4

至此黑方兑掉一车，形成红方马炮兵仕相全对黑方车双士，且黑方双士位置差，红方占明显优势。由此可见红方精湛的形势判断和无车棋的残局功力。

（83）炮五平六　车6平4　　　　（84）马八退六　车4平9
　　　　　　　　　　　　　　　（85）兵五平四　车9进1
　　　　　　　　　　　　　　　（86）马六进八　将4平5
　　　　　　　　　　　　　　　（87）兵四进一　车9平2
　　　　　　　　　　　　　　　（88）马八进七　车2平3
　　　　　　　　　　　　　　　（89）马七退六　车3平4

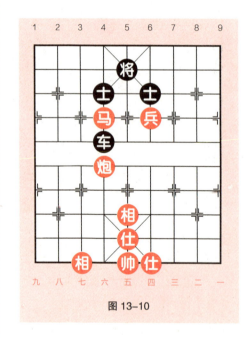

图13-10

（图13-10）

黑车看似捉双，但红方可用抽将、顿挫组合战术破士入局。

（90）炮六平五！　将5平6
（91）炮五平四！　将6平5
（92）马六进四　车4平6
（93）马四进三　将5退1
（94）炮四平一　车6平9
（95）炮一平五　将5平6
（96）马三退四　车9平8　　　　（97）兵四平五　车8进6
（98）炮五进一　车8退1　　　　（99）兵五进一　将6进1
（100）炮五退一　车8进1　　　（101）相五进三　车8平7
（102）炮五退二　车7退2　　　（103）炮五平四　车7平6
（104）马四进二　车6平8　　　（105）炮四退一　车8平5

（106）炮四平一（红胜）

本局红方一路紧握先手精雕细刻，着法丝丝入扣，整体运用顿挫有十次之多，贯串中残局气势磅礴，浑然天成。在夺得优势后先是利用顿挫护住右线保住优势；再利用顿挫解脱车马、车炮被牵从而发动攻势；进而利用顿挫得边卒、去孤象，将优势转化为胜势。而红方主动兑车以马炮卒斗黑方车双士的残局，履险如夷以抽将、顿挫等组合战术破士入局，更令人叹服。

第六局　黄志强先负吕钦

双方以过宫炮对左中炮开局。

（1）炮二平六　炮8平5
（2）马二进三　马8进7
（3）仕四进五　车9平8
（4）相三进五　马2进3
（5）车一平四　车8进4
（6）车四进七　马7退8
（7）车四退三　卒3进1
（8）车四平六　马8进7
（9）马八进七　士4进5
（10）炮八进四　卒7进1
（11）炮八平七（图13-11）

红方此着宜改走兵七进一强兑七兵，既可转攻黑方3路马，又为己方七路马开道。局面仍保持平衡。

（11）……　马7进6

黑方进马逐车好着，由此黑方对红方巡河车追逐反先夺势。

（12）车六平四　炮2进2
（13）车九平八　炮5平6
（14）车四平五　马6进7
（15）车五平四　车1平2

黑方抢先逐车既调整阵形、黑马得

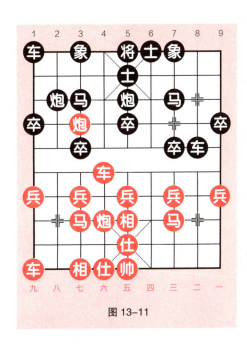

图13-11

卒,又伏马踏边、扑卧槽的后续手段。黑方出车保炮后已呈反先之势。

（16）车八进四　象3进5　　　（17）兵七进一　马7退6
（18）车四平二

红方此着宜走车四平五坚守河沿一线,阵形结构还较为完整。

（18）……　车8进1
（19）马三进二　卒3进1
（20）车八平七　马6进5　　　（21）炮六进一　车2平4
（22）马七进五　车4进6

至此黑方兑马后已净多两卒,并且先手进占兵行线,已夺得优势。

（23）马二进四（图13-12）　卒5进1！

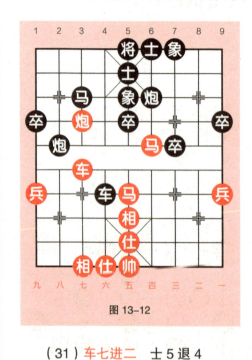

图13-12

黑方绊住马脚禁困红方双马,红方全盘兵力受制。黑方此着也为以后战术展开创造条件。

（24）炮七平二　炮2平6
（25）马五进四　车4平8
（26）炮二平三　车8平6
（27）马四进三　车6退3
（28）炮三进三　象5退7
（29）车七进三　车6平7
（30）马三进一　象7进9

至此黑方巡河炮兑马,再平车顿挫捉炮迫马位置变坏,弃象兑马炮后,飞边象困马,一连串战术组合使红马成囊中物,黑方胜局已定。

（31）车七进二　士5退4　　　（32）车七退四　车7退2
（33）车七平五　士6进5　　　（34）车五进一　车7平9
（35）车五平一　炮6平5（黑方多子胜定）

本局黑方运马逐车反先,然后在形势判断基础上兑车、卒、马、炮四子,顿挫捉炮、捉马,最后弃象交换马炮后,围捉红马胜。战术流畅自然,水到渠成。

第七局　徐天红先胜孙树成

双方以五七炮对屏风马开局。

（1）炮二平五　马2进3
（2）马二进三　马8进7
（3）车一平二　车9平8
（4）兵三进一　卒3进1
（5）马八进九　卒1进1
（6）炮八平七　马3进2
（7）车九进一　卒1进1
（8）兵九进一　车1进5
（9）车二进四　象7进5

至此形成五七炮进三兵对屏风马长出车的定式。

（10）车九平四　士6进5
（11）车四进五　马2进1
（12）炮七退一　炮2进5
（13）车四退二　卒3进1
（14）炮五退一　卒3平4
（15）车二进二　炮2退2？（图13-13）

黑方败着，预谋红方车四平六吃卒后，走炮2平7借杀捉车，但未细算红方反击手段。红方用组合战术获得优势。

（16）车四平六　炮2平7
（17）炮五进五！

红方精妙之着！解杀还杀，反捉黑车，一举确立胜势。

（17）……　炮7进4
（18）仕四进五　车1退5
（19）车六平九！　车1平2
（20）车九平八！　车2平1
（21）炮五退一

红方借杀捉车、顿挫占据八路，再退中炮次序井然。以下有车八平九借杀捉双的手段。

（21）……　马1进3

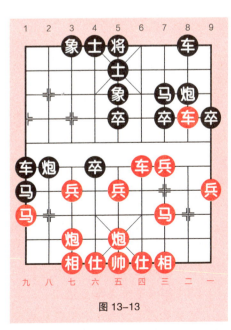

图13-13

（22）车八退二

至此红方围困捉马，黑马必失。

（22）……　炮8平9　　　　　（23）车二进三　马7退8

（24）车八平七　车1进3　　　（25）马三进四！

红方腾挪佳着！为七路车抢先右移开辟道路，又控黑车平中。

（25）……　将5平6　　　　　（26）车七平二　马8进6

（27）仕五进六　炮9平6　　　（28）炮五平四　车1平6

（29）炮四进二　士5进6

黑方如改走车6退1，则红方炮七平四，车6进3，车二进七，红胜。

（30）车二进二

至此红方通过扬仕腾挪，逼黑方兑炮已成多子胜势。

（30）……　炮7退5　　　　　（31）马九进八　将6平5

（32）相七进五　马6进4　　　（33）炮七平四　炮7平6

（34）马八进六　马4进5　　　（35）车二进五

至此黑方如改走将5进1，则红方有马六进七，将5平6，炮四进四，车6进1，马四进二的杀着。黑方认负。

本局红方抓住黑方借杀捉车的战术错误，以解杀还杀、借杀捉子、顿挫、围困捉子等组合战术得马，然后再利用跃右马腾挪，抢先车捉马右移，兑炮简化局势，一举确定胜局。

第八局　柳大华先负赵国荣

双方以中炮横车对屏风马开局。

（1）炮二平五　马8进7　　　（2）马二进三　车9平8

（3）兵七进一　卒7进1　　　（4）马八进七　马2进3

（5）炮八进二　马7进8　　　（6）马七进六　象3进5

（7）车一进一　车8进1

至此形成中炮横车对屏风马的定式。黑方高8路车变化新颖。

（8）炮五平六　炮2退1　　　　　（9）相七进五　炮2平3

（10）车九平八　车1平2　　　　（11）炮八进二　卒3进1

（12）兵七进一　炮3进3　　　　（13）车一平四

此着似宜走车一平七，向左翼集中兵力，以后有马六进七或马六进四再谋进取的手段，而己方右翼相对是安全的。

（13）……　炮3平4

黑方拦马兑炮抢先之着。红方车炮被牵的弱点突显。

（14）炮六平七　马8进7　　　　（15）炮七进一（图13-14）

红方进炮逐马后，阵形结构出现较多缺陷，左翼车炮被牵，右马无根，肋车自塞相眼。黑方精确判断形势后大胆弃马反先。

（15）……　马7进5！

（16）马六退五　炮8平7

（17）炮七进三　士4进5

冷静！如黑方急于炮7进5吃马，则红方炮八平五，士4进5，车八进九，马3退2，炮五退一，车8进2，炮七平四，红方好走。

（18）马三退一　车8进6

至此黑方弃马搏相后，平炮捉马亮车，再进车捉中马，子力效力充分发挥。而红方双马双炮的位置很差。

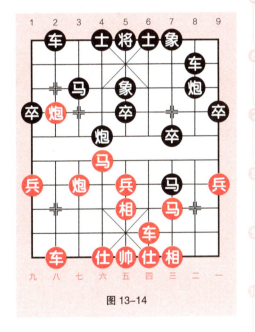

图13-14

（19）马五进七　炮4平5

（20）仕四进五　车2平4　　　　（21）兵五进一　炮5平3

（22）车四进二　卒7进1！

黑卒渡河既加强对红方右翼的压力，又为3路炮腾位。

（23）兵一进一　炮3平7　　　　（24）相三进五　卒7进1

（25）车四进五　车4进6

黑方进卒逐车，进车捉马抢尽先手，并伏车8进1围困捉马的后续手段。

（26）炮八进一　车4平3　　　　（27）炮八平五　将5平4

（28）车八进五（图13-15）

红方弃马反扑，以倒巡河车捉炮并有平六照将攻城拔寨的凶着。黑方对此局

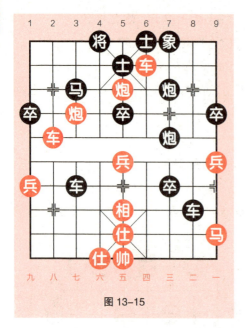

图13-15

面在吃弃马时恐已有良策于胸了。着法如下：

（28）…… 炮7平3！

黑方精妙之着！拦车邀兑，一举化险为夷。

（29）炮五平六

红方如改走炮七退三，则黑方马3进2，兑子后黑马抢先跃出，局面大优。

（29）…… 车8平5
（30）车四退三　车3平4
（31）车八平七　车4退4
（32）车七平六　车4进2
（33）车四平六　将4平5
（34）车六平三　炮7平5
（35）车三退二　车5退2

至此经过大兑子后，红方阵形散乱，黑方车炮位置极佳，并多中卒，已呈胜势。

（36）马一进三　车5平3　　（37）炮七平六　马3进4
（38）车三进二　马4进2　　（39）车三平八　车3平7
（40）帅五平四　马2进3

至此红马必失，黑胜。

本局第一关键是黑方利用兑子战术造成牵制抢先，第二关键是黑方在左翼弃马踩相确立先手优势；第三关键是黑方平3路炮邀兑，解攻还攻，确立胜势。

第九局　许银川先胜林宏敏

双方以飞相对中炮开局。

（1）相三进五　炮8平5　　（2）马八进七　马8进7
（3）马二进三　车9平8　　（4）车一平二　马2进1

（5）兵三进一　炮2平4

至此双方由飞相对左中炮演变成先手屏风马对56炮阵式。

（6）车九平八　车1平2　　　　（7）仕四进五　车2进4

（8）炮八平九　车2进5　　　　（9）马七退八　车8进4

（10）炮二平一

红方再次兑车旨在和黑方较量无车棋的中残局功力。

（10）……　车8平2　　　　（11）马八进七　炮5退1

黑方退中炮为缓着，应改走卒1进1活通边马才合棋理。

（12）兵七进一　炮5平3

（13）马三进四　卒3进1

（图13-16）

黑方兑3卒欲攻红方七路底相，红方敏锐抓住战机，实施战术组合抢先夺势。

（14）车二进五　象3进5

（15）车二平六　车2退2

红方进车倒巡河牵制黑方车卒，再抢先平左肋捉炮迫黑方退车，黑方如改走士4进5，则红方兵七进一，车2平3，车六平七，象5进3，马七进六兑掉车兵后，红方跃出左马可形成多兵优势。

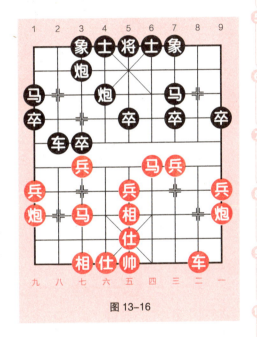

图13-16

（16）兵七进一　炮4平3

（17）兵七进一　前炮进5

黑方如改走后炮进2，则红方马七进六，士4进5，车六进一捉炮，红优。

（18）兵七平八　后炮进8　　　（19）相五退七　车2进1

（20）车六进二　马1退2　　　（21）马四进六　炮3退3

（22）马六进五　象7进5　　　（23）车六平五　士6进5

（24）车五平三（图13-17）

红方七兵渡河弃兵相造成马炮交换，肋车腾挪捉马，河沿马过河捉车破双象，再夺回一马，局面大优。

（24）……　车2进4　　　　（25）炮一平五　士5进6

（26）车三平四　车2平3　　　（27）仕五进六！

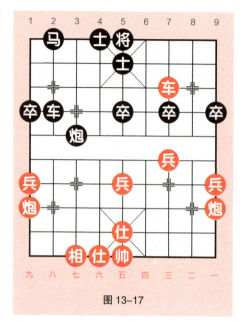

图 13-17

红方弃仕打车是对付叫杀闷宫的常用战术。

（27）……　　车3平4
（28）车四平五　士4进5
（29）车五退一　车4平3
（30）仕六进五　炮3进5
（31）仕五进六！车3平4
（32）帅五进一

红方再次弃仕打车，腾挪进帅保炮。红方两次弃仕打车，深明棋理，使黑方车炮无用武之地。

（32）……　　将5平4
（33）车五平七　车4进1
（34）帅五退一　车4进1
（35）帅五退一　马2进1
（36）车七进一　车4退1
（37）帅五退一　车4退1
（38）炮五进六　炮3退6
（39）炮五退二！车4平1
（40）车七平六　将4平5
（41）车六平九　车1退1
（42）兵五进一　炮3进2（图13-18）

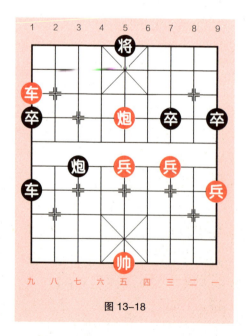

图 13-18

以上红方利用捉、兑、拦、顿挫组合战术手段兑掉马炮。现盘面双方是车炮三兵对车炮3卒，但红方控制中路，中兵威力大，已占胜势。

（43）车九平五　将5平4
（44）车五平六　将4平5
（45）车六退三　炮3退4
（46）帅五平六　炮3平7
（47）兵五进一　车1平9
（48）炮五进一！

此着为红方重要的腾挪手段，可助兵推进并护住中路。

（48）……　　车9平2

（49）**兵五进一**　车2退3　　　　（50）**车六平五**　炮7平4

（51）**炮五进一**

此着为红方有趣的一着！既弃炮拦炮，又为续进中兵腾路。

（51）……　将5平6　　　　（52）**帅六平五**　炮4退1

（53）**炮五进一！**

红方精妙！第三次进炮腾挪，并弃炮拦炮，锁定胜局。

（53）……　车2退2

黑方如改走将6平5，则红方兵五平六，将5平6，车五平四，红方白脸将胜。

（54）**兵五进一**　车2平6　　　　（55）**兵五进一**（红胜）

本局红方前中局利用倒巡河车牵制车卒，先手交换马炮；中局右马驰入黑方阵内，抢先破双象换马确立优势；残局两次弃仕瓦解黑方反扑，确保后防安全，红方中路三次进炮腾挪结合弃、顿挫战术组合入局。本局战术组合应用精彩纷呈，是在精确的形势判断下的战术组合之典范。

第十局　陶汉明先胜徐天红

双方以顺炮直车对缓开车开局。

（1）**炮二平五**　炮8平5　　　　（2）**马二进三**　马8进7

（3）**车一平二**　卒7进1　　　　（4）**马八进七**　马2进3

（5）**兵七进一**　炮2进4　　　　（6）**马七进六**（图13-19）

至此形成顺炮盘河马对缓开车右炮过河。红方进盘河马战术设计理念积极，抢先胁炮，再利用黑方双车晚出，运炮抢攻黑方3路弱马。

（6）……　炮2平7　　　　（7）**炮八平七**　车1平2

（8）**马六进七**

先手便宜黑卒，并伏马七进五兑子赚象的手段。红方如改走兵七进一利用牵制强渡七兵，则黑方车2进5捉马，红方失先。

（8）……　炮5平4　　　　（9）**仕四进五**　车2进6

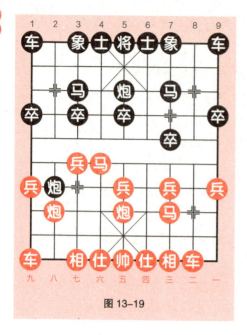

图13-19

（10）马七退六　车2平3
（11）兵七进一　马3进4

黑方无奈之着，如黑方改走车3退2，则红方炮七进五，车3退2，马六进五，马7进5，炮五进四，至此红方马炮兑掉黑方双马，形成炮镇空头的巨大优势。

（12）兵七平六　炮4进3
（13）车九进二

红方迫黑方兑马，形成七兵渡河，优势渐显。

（13）……　　士6进5
（14）兵六进一　炮4平7
（15）兵五进一　卒9进1
（图13-20）

（16）车二进三！

红方利用黑方进卒的软着，立即进右车抢先牵制黑方车炮，伏炮七进七打象，车3退6，车二平三，兑炮得象的先手。此牵制战术使红方优势确立。

（16）……　　车3平6

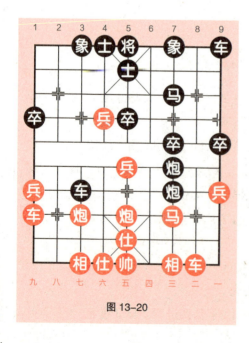

图13-20

（17）炮七进四　象7进5
（18）炮五进四　车9平6
（19）炮五平四

红方双炮出击谋得黑方中卒，并且腾挪使左边车出路豁然开朗，现平炮拦车，已无后顾之忧。

（19）……　　后车平8
（20）车二进六　马7退8
（21）兵五进一　马8进6
（22）兵五进一　马6进8
（23）兵九进一　前炮进3
（24）车九平四　后炮平5
（25）车四平五　马8进6
（26）兵五平四　炮5平2

（27）车五进一　车6退2　　　　（28）车五进一　炮2退2
（29）兵四平五

至此红方利用弃、捉、兑的战术组合，在中路形成强烈攻势。黑方车双炮阵形散乱。红方已呈胜势。

（29）……　炮7平9　　　　　（30）炮七退五　车6进2
（31）车五退一　车6退2　　　　（32）兵五进一　将5平6
（33）仕五进四　车6进3　　　　（34）车五平二　象3进5

黑方如改走车6平7，则红方车二进六，将6进1，炮七进七，士5进4，兵五进一，将6进1，车二退二，红胜。

（35）车二进六　将6进1　　　　（36）炮七进七（红胜）

至此黑方如士5进4，则红方兵六进一，将6平5，车二退一，将5退1，兵六进一，以下红方伏炮七进一，士4进5，车二平五，将5平6，兵六进一，象5退3，兵六平五，红胜。

红方进中兵破象，再弃仕解杀还杀，弃马造成左右夹击，着法犀利，战术组合有力。

本局红方开局利用黑方3路弱点，设计捉、兑战术组合，造成七兵渡河的优势；中局利用黑方进边卒的软着，进车牵制，双炮出击得中卒，并为边车腾挪的战术组合扩大优势；残局红方中兵破象，弃仕解杀还杀，弃马抢先左右夹击，战术组合精彩，最终入局制胜。

好书介绍

《象棋入门一本就够》

　　一学就会的成人象棋入门书。每天一课，30天象棋知识全面掌握。

《象棋基本战术宝典——顿挫与腾挪》

　　强化讲解重要运子战术——顿挫与腾挪，串联各种象棋战术、残局、杀法必不可少的基本战术书。

《儿童象棋基础教程》

　　系统性儿童象棋教程。每周一课，轻松学棋，讲解＋习题，循序渐进。

《象棋入门与提高》(全4册)

　　打破以往象棋书死记硬背套路的模式，从职业棋手的思路、目标及执行方法讲起，逐步推导不同棋形之间的关系和相互转化的过程，使读者掌握自我学习、研究棋谱的方法。

《围棋入门一本就够》

　　简单明了的成人围棋入门书。每天一课，30天围棋知识全面掌握。

《围棋入门口袋书》

　　真正零基础入门，小身材，大容量，丰富的例题，超全面的围棋知识。轻松索引，不懂就查。

《儿童围棋基础教程》（全4册）

　　系统性儿童围棋教程。每周一课，轻松学棋，讲解+习题，循序渐进。

《李昌镐儿童围棋课堂》（全5册）——李昌镐亲自授权的围棋入门书！

　　好玩的卡通画帮助记忆，让孩子从零开始，轻松入门。

《不得贪胜》——"石佛"李昌镐唯一自传！

　　了解李昌镐的围棋人生，品味"不得贪胜"的胜负哲学，挖掘才能与意志的力量，领悟想赢必须学会舍弃的智慧。